UNA CARO

Dicasterio para la Doctrina de la Fe

UNA CARO
Una sola carne

Elogio de la monogamia

Nota doctrinal sobre el valor del matrimonio
como unión exclusiva y pertenencia recíproca

SAN PABLO

© SAN PABLO 2026
   Protasio Gómez, 11-15. 28027 Madrid
   Tel. 917 425 113
   secretaria.edit@sanpablo.es - www.sanpablo.es
© Administración del Patrimonio de la Sede Apostólica, 2025
© Dicasterio para la Comunicación - Libreria Editrice Vaticana, 2025

Distribución: SAN PABLO. División Comercial
Resina, 1. 28021 Madrid
Tel. 917 987 375
ventas@sanpablo.es
ISBN: 978-84-285-7496-9
Depósito legal: M. 1757-2026
Impreso en Artes Gráficas Gar.Vi. 28970 Humanes (Madrid)
Printed in Spain. Impreso en España

Presentación

Este es un texto para la Iglesia universal, que, sin embargo, puede ser tenido en cuenta en cualquier lugar ante los retos culturales locales. De hecho, el documento aborda con seriedad el contexto global actual de desarrollo del poder tecnológico, en el que el ser humano se ve tentado a pensar en sí mismo como una criatura sin límites, capaz de obtener todo lo que imagina. De este modo, se oscurece fácilmente el valor de un amor exclusivo, reservado a una sola persona, lo que en sí mismo implica la renuncia libre a muchas otras posibilidades.

En realidad, la intención de esta *Nota* es fundamentalmente propositiva: extraer de las Sagradas Escrituras, de la historia del pensamiento cristiano, de la filosofía e incluso de la poesía, razones y motivaciones que impulsen a elegir una unión de amor única y exclusiva, una pertenencia recíproca rica y totalizante.

Se trata de un esfuerzo que permitirá enriquecer la reflexión y la enseñanza sobre el matrimonio con un aspecto no muy desarrollado hasta ahora. Al mismo tiempo, puede constituir para los movimientos y grupos matrimoniales un material variado y útil para el estudio y el diálogo. Esto justifica la extensión de la *Nota* y el número de autores y textos que se han citado. A algunos les podría parecer una información excesiva, pero creemos que de cada uno de los autores y textos citados se puede extraer algún matiz o algún acento diferente que estimule una reflexión serena y una mayor profundización.

Tomaremos en consideración las intervenciones más importantes del Magisterio y una serie de autores desde la antigüedad hasta tiempos recientes: teólogos, filósofos, poetas. Hemos encontrado una gran riqueza de reflexiones que ponen en valor la unión de los cónyuges, la reciprocidad, el significado totalizador de la relación matrimonial. De este modo, los diferentes textos compondrán un hermoso mosaico que sin duda enriquecerá nuestra comprensión de la monogamia.

Si, por el contrario, se desea obtener solo una breve síntesis reflexiva para motivar la elección de una unión exclusiva entre una sola mujer y un solo hombre, bastará con leer el último capítulo y la conclusión de la presente *Nota*, centrados en la pertenencia recíproca de los cónyuges y en el amor conyugal. En cualquier caso, nos permitimos sugerir la lectura paciente de la *Nota* en su totalidad para poder captar plenamente toda la amplitud de los aspectos que entran en juego en esta rica materia.

Víctor Manuel Card. Fernández
Prefecto del Dicasterio
para la Doctrina de la Fe

I

Introducción

1. [*Una caro*] «Una sola carne» es la forma con la que la Biblia expresa la unidad matrimonial. En el lenguaje común, en cambio, «nosotros dos» es una expresión que aparece cuando en un matrimonio hay un fuerte sentimiento de reciprocidad, es decir, la percepción de la belleza de un amor exclusivo, de una alianza entre dos personas que comparten la vida en su totalidad, con todas sus luchas y esperanzas. «Nosotros dos» es lo que dice una persona cuando se refiere a los deseos, los sufrimientos, las ideas y los sueños compartidos, en una palabra, cuando se refiere a las historias que solo los cónyuges han vivido. Se trata de una manifestación verbal de algo más profundo, la convicción y la decisión de pertenecerse mutuamente, de ser «una sola carne», de recorrer juntos el camino de la vida. Como dijo el papa Francisco: «Los cónyuges también de-

ben formar una primera persona del plural, un "nosotros". Estar el uno ante el otro como un "yo" y un "tú", y estar ante el resto del mundo, incluidos los hijos, como un "nosotros"»[1]. Esto ocurre porque, aunque sean dos personas diferentes, dos individualidades que conservan cada una su propia identidad intransferible, han forjado con su libre consentimiento una unión que las sitúa juntas ante el mundo. Es una unión que se abre generosamente a los demás, pero siempre partiendo de esa realidad única y exclusiva del «nosotros» conyugal.

2. San Juan Pablo II, hablando de la monogamia, afirmó que «merece que se ahonde en ella cada vez más»[2]. Esta indicación suya sobre la necesidad de un tratamiento más amplio de este tema es una de las motivaciones que han impulsado al Dicasterio para la Doctrina de la Fe a preparar la presente *Nota* doctrinal. Además, en el origen de este texto se encuentran, por un lado, los diversos diálogos con los obispos de África y de otros continentes sobre la cuestión de la poligamia, en el contexto de sus

---

[1] FRANCISCO, Catequesis (23 de octubre de 2024), en *L'Osservatore Romano* (23 de octubre de 2024), p. 2.

[2] S. JUAN PABLO II, Homilía durante la Misa para las familias en Kinshasa (3 de mayo de 1980), n. 2: AAS 72 (1980), p. 425.

visitas *ad limina*[3], y, por otro, la constatación de diversas formas públicas de unión no monógama –a veces llamadas «poliamor»– que están creciendo en Occidente, además de aquellas más reservadas o secretas que han sido comunes a lo largo de la historia.

3. Pero estas razones están subordinadas a la primera, porque, bien entendida, la mo-

---

[3] El Simposio de Conferencias Episcopales de África y Madagascar (SECAM) se ha comprometido a redactar un informe para el Sínodo de los Obispos sobre los retos de la poligamia. A la espera de dicho documento, parece oportuno señalar que, según una opinión común, el matrimonio monógamo en África debería considerarse una excepción, dada la difusión de la práctica de la poligamia en esas regiones. Sin embargo, estudios exhaustivos sobre las culturas africanas muestran que las diferentes tradiciones atribuyen una importancia especial al primer matrimonio entre un hombre y una mujer y, sobre todo, al papel que la primera esposa debe desempeñar con respecto a las demás esposas. De hecho, las investigaciones indican más bien que la poligamia es una práctica tolerada por las necesidades de la vida (ausencia de descendencia, levirato, mano de obra para la supervivencia, etc.). De hecho, muchas tradiciones promueven el modelo monógamo como el ideal de matrimonio que corresponde a los designios divinos. La primera esposa, normalmente casada según las costumbres tradicionales, se presenta a menudo como la dada por Dios al hombre, aunque este último pueda acoger a otras mujeres. En el caso de la poligamia, a la primera esposa se le reconoce un lugar especial en la realización de los ritos sagrados relacionados con los funerales o en la educación de los hijos nacidos de otras mujeres de la familia. Es interesante señalar que, en las últimas décadas, en algunos Estados, el legislador civil ha establecido la monogamia como régimen matrimonial ordinario (cf Société Africaine de Culture, *Les religions africaines comme source de valeurs de civilisation. Colloque de Cotonou, 16-22 août 1970*, Présence Africaine, París 1972; Isidore de Souza, «Mariage et famille», en *Revue de l'Institut Catholique de l'Afrique de l'Ouest* 5-6 [1993], p. 164; Id., «Notion et réalité de la famille en Afrique et dans la Bible», en *Savanes Forêts* 30 [1984], pp. 145-146).

nogamia no es simplemente lo contrario a la poligamia. Es mucho más, y su profundización permite concebir el matrimonio en toda su riqueza y fecundidad. La cuestión está íntimamente ligada al fin unitivo de la sexualidad, que no se reduce a garantizar la procreación, sino que ayuda al enriquecimiento y el fortalecimiento de la unión única y exclusiva y del sentimiento de pertenencia recíproca.

4. Como establece el propio *Código de Derecho Canónico*: «Las propiedades esenciales del matrimonio son *la unidad* y la indisolubilidad»[4]. En otra parte, afirma que el matrimonio es «un vínculo perpetuo y *exclusivo* por su misma naturaleza»[5]. Cabe destacar la existencia de una abundante bibliografía sobre la indisolubilidad de la unión conyugal en la literatura católica; este tema ha tenido mucho más espacio en el Magisterio, en particular en las recientes enseñanzas de muchos obispos ante la legalización del divorcio en varios países. Sobre la unidad del matrimonio —es decir, el matrimonio entendido como

---

[4] Can. 1056 CIC (cursiva añadida). Cf can. 776 § 3 CCEO.
[5] Can. 1134 CIC (cursiva añadida). Cf *Catecismo de la Iglesia católica*, n. 1638.

unión única y exclusiva entre un solo hombre y una sola mujer– se encuentra, por el contrario, un desarrollo de la reflexión menos amplio que sobre el tema de la indisolubilidad, tanto en el Magisterio como en los manuales dedicados al argumento.

5. Por esta razón, en el presente texto se ha optado por centrarse en la propiedad *de la unidad* y en su reflejo existencial: *la comunión íntima y totalizadora entre los cónyuges*. Para no esperar, por tanto, de esta *Nota* algo que no pretende desarrollar, es necesario insistir en que, en las páginas que siguen, no se tratará la indisolubilidad conyugal –una unión que dura en el tiempo hasta que la muerte separe a los cónyuges cristianos– ni el fin de la procreación: ambos temas están ampliamente tratados en la teología y en el Magisterio. La *Nota* se centrará únicamente en la primera propiedad esencial del matrimonio, la unidad, que puede definirse como la unión única y exclusiva entre una sola mujer y un solo hombre o, en otras palabras, como la pertenencia recíproca de los dos, que no puede compartirse con otros.

6. Esta propiedad es tan esencial y primaria que el matrimonio se define a menudo simplemente como «unión». Así, la *Summa Theologiae* de santo Tomás de Aquino afirma que «el matrimonio es *la unión (coniunctio)* marital del hombre con la mujer, contraída por personas legítimas, que implica una comunión de vida indisoluble»[6], y que «es evidente que en el matrimonio existe una unión por la cual uno se llama marido y la otra mujer; y *tal unión es* el matrimonio»[7]. Una definición similar ya se encontraba en Justiniano, que recopilaba opiniones preexistentes: «Es la unión (*coniunctio*) del hombre y la mujer que contiene una comunión de vida indisoluble»[8]. Más cerca de nosotros, Dietrich von Hildebrand sostiene que el matrimonio «es la unión más profunda e íntima entre personas humanas»[9].

---

[6] El Suplemento de la *Summa Theologiae* (Suppl., q. 44, a. 3) afirma la definición del matrimonio dada por Pedro Lombardo en ID., *Sent.* IV, d. 27, c. 2 (164): «Sunt igitur nuptiae vel matrimonium viri mulierisque coniunctio maritalis, inter legitimas personas, individuam vitae consuetudinem retinens».

[7] STO. TOMÁS DE AQUINO, *Summa Theologiae*, Suppl., q. 44, a. 1, resp. (cursiva añadida).

[8] JUSTINIANO, *Institutiones*, I, 9, 1, en P. KRUEGER (ed.), *Justinian's Institutes*, Cornell University Press, Nueva York 1987, p. 4.

[9] D. VON HILDEBRAND, *L'enciclica Humanae vitae: segno di contraddizione*, Edizione Paoline, Roma 1968, p. 43.

7. Ya en estas definiciones clásicas vemos que la unidad de los dos cónyuges, como dato objetivo fundacional y propiedad esencial de todo matrimonio, está llamada a una expresión y desarrollo constantes como «comunión de vida», es decir, como amistad conyugal, ayuda recíproca, comunión total que, con la ayuda de la gracia, representa cada vez más otra unión que la trasciende y la engloba: la unión entre Cristo y su amada esposa, la Iglesia, el Pueblo de Dios por el que él dio su sangre (cf Ef 5,25-32).

8. San Juan Pablo II vincula íntimamente estos dos aspectos. De hecho, si «en virtud del pacto de amor conyugal, el hombre y la mujer "no son ya dos, sino una sola carne" (Mt 19,6; cf Gén 2,24)», al mismo tiempo «están llamados a crecer continuamente en su comunión [...] a fin de que cada día progresen *hacia una unión cada vez más rica entre ellos*, a todos los niveles»[10].

9. En esta *Nota*, por lo tanto, se profundizará tanto en la unidad como propiedad esencial,

---

[10] S. Juan Pablo II, Exhort. ap. *Familiaris consortio* (22 de noviembre de 1981), n. 19: AAS 74 (1982), pp. 101-102 (cursiva añadida).

realidad objetiva y constitutiva del matrimonio, característica primera y fundante de todas sus manifestaciones, como en las diferentes expresiones de esa misma unidad que enriquecen y fortalecen la alianza conyugal, haciendo así posible al mismo tiempo la percepción de esta unidad no como un reflejo monolítico de la unidad divina, sino como expresión del único Dios, que es comunión en las relaciones trinitarias.

10. Por último, esperamos que esta *Nota* sobre el valor de la monogamia, dirigida ante todo a los obispos, que se refiere a un tema tan importante, y al mismo tiempo tan bello, pueda ser de ayuda a las parejas ya casadas, a los novios y a los jóvenes que piensan en una futura unión, con el fin de comprender aún mejor la riqueza de la propuesta cristiana sobre el matrimonio. Es cierto que, para muchos, este mensaje puede parecer extraño o a contracorriente, pero podemos aplicar a él las siguientes palabras de san Agustín: *«Dame un corazón que ame y comprenderá lo que digo»*[11]. Además, una verdadera pasión por la belleza del amor conyugal

---

[11] S. AGUSTÍN, *In Ioannis Evangelium*, tract. XXVI, 4 («Da amantem, et sentit quod dico»): PL 35, 1608.

ha encontrado expresión en la dedicación de muchos creyentes, hombres y mujeres, clérigos y laicos, individualmente o en agrupaciones eclesiales, que han acompañado a muchas parejas en su camino de vida y también han desarrollado una espiritualidad y una pastoral del matrimonio. Por todos estos ejemplos luminosos, no podemos sino expresar un profundo agradecimiento.

II

La monogamia en la Biblia

11. «Ya no son dos, sino una sola carne» (Mc 10,8). Esta declaración de Jesús sobre el matrimonio traduce la belleza del amor, un cemento que «da solidez a esta comunidad de vida y el impulso que la lleva hacia una plenitud cada vez más perfecta»[12]. Instituido «al principio», ya en el momento de la creación, el matrimonio aparece como un pacto conyugal querido por Dios, como «sacramento del Creador del universo; por tanto, ha sido inscrito precisamente en el ser humano mismo, que está orientado hacia este camino, en el que el hombre deja a sus padres y se une a su mujer para formar una sola carne, para que los dos lleguen a ser una sola existencia»[13]. Aunque

---

[12] S. Pablo VI, Discurso a los Equipos de Nuestra Señora (4 de mayo de 1970), n. 6: AAS 62 (1970), 430

[13] Benedicto XVI, Encuentro con los jóvenes de la diócesis de Roma en preparación a la XXI Jornada Mundial de la Juventud (6 de abril de 2006), n. 2: AAS 98 (2006), p. 351. Cf S. Juan Pablo II, Exhort. ap. *Familiaris consortio* (22 de noviembre de 1981), n. 68: AAS 74 (1982), pp. 163-165.

«es bien sabido que la historia del Antiguo Testamento es teatro de la sistemática defección de la monogamia»[14], véanse, por ejemplo, las vicisitudes de los patriarcas, en las que se lee, según las costumbres de la época, que había personajes con varias esposas (cf 2Sam 3,2-5; 11,2-27; 15,16; 1Re 11,3), al mismo tiempo muchos pasajes del Antiguo Testamento celebran el amor monógamo y la unión exclusiva: «¡Sesenta son las reinas, ochenta las concubinas e innumerables las doncellas!, pero única es mi paloma hermosísima, mi todo» (Cant 6,8-9a). Esto también lo atestiguan los ejemplos de Isaac (cf Gén 25,19-28), José (cf Gén 41,50), Rut (cf Rut 2-4), Ezequiel (cf Ez 24,15-18) y Tobías (cf Tob 8,5-8). Además, si desde el punto de vista fáctico y normativo la monogamia no tiene bases sólidas en el Antiguo Testamento, en cambio sus fundamentos teológicos se desarrollan en profundidad, y este es el camino fecundo que se recorrerá en las siguientes reflexiones[15].

---

[14] S. Juan Pablo II, Catequesis (13 de agosto de 1980), n. 2: *Insegnamenti* III, 2 (1980), p. 397.
[15] Cf Pontificia Comisión Bíblica, *¿Qué es el hombre? (Sal 8,5). Un itinerario de antropología bíblica* (30 de septiembre de 2019), n. 173, BAC, Madrid 2020, pp. 174-176.

La monogamia en el capítulo 2 del Génesis

12. En la raíz del modelo monógamo, el capítulo 2 del libro del Génesis se presenta como un auténtico manifiesto antropológico situado al inicio de las Escrituras. Describe el proyecto que el Creador propone como ideal para la libertad de la criatura humana. La exclamación divina: «No es bueno que el hombre esté solo: quiero hacerle una ayuda *('ēzer)* que le corresponda» (Gén 2,18), pone claramente de manifiesto la necesidad en la que se encuentra el hombre recién salido de las manos de Dios, es decir, un estado de soledad-aislamiento. A pesar de la presencia de otros seres vivos, el hombre quiere una ayuda que le corresponda (cf Gén 2,20), un aliado vivo, único y personal, al que pueda mirar a los ojos, como sugiere la palabra *keneḡdô*, traducida habitualmente por «semejante» o «correspondiente», para poner de relieve la necesidad de un encuentro dialógico de miradas y rostros. De hecho, «la expresión original hebrea nos remite a una relación directa, casi "frontal" –los ojos en los ojos– en un diálogo también tácito, porque en el amor los silencios suelen ser más elocuentes que las palabras. Es el encuentro con un rostro, con un

"tú" que refleja el amor divino y es "el comienzo de la fortuna, una ayuda semejante a él y una columna de apoyo" (Si 36,24), como dice un sabio bíblico»[16]. El hombre busca, pues, un rostro insustituible frente a sí, un «tú» con el que entablar una verdadera relación de amor hecha de entrega y reciprocidad.

13. En su comentario a este pasaje del Génesis, Benedicto XVI afirma: «La primera novedad de la fe bíblica consiste [...] en la imagen de Dios; la segunda, relacionada esencialmente con ella, la encontramos en la imagen del hombre. La narración bíblica de la creación habla de la soledad del primer hombre, Adán, al cual Dios quiere darle una ayuda. Ninguna de las otras criaturas puede ser esa ayuda que el hombre necesita, por más que él haya dado nombre a todas las bestias salvajes y a todos los pájaros, incorporándolos así a su entorno vital. Entonces Dios, de una costilla del hombre, forma a la mujer. Ahora Adán encuentra la ayuda que precisa: "¡Esta sí que es hueso de mis huesos y carne de mi carne!" (Gén 2,23) [...] En la narración bíblica no se habla de castigo;

---

[16] FRANCISCO, Exhort. ap. *Amoris laetitia* (19 de marzo de 2016), 12: AAS 108 (2016), pp. 315-316.

pero sí aparece la idea de que el hombre es de algún modo incompleto, constitutivamente en camino para encontrar en el otro la parte complementaria para su integridad, es decir, la idea de que solo en la comunión con el otro sexo puede considerarse "completo"»[17].

14. La conclusión del relato bíblico: «El hombre dejará a su padre y a su madre y *se unirá* (*dāḇaq*) *a su mujer, y los dos serán una sola carne*» (Gén 2,24), expresa bien esta necesidad de una unión íntima, una conexión física e interior tal, que el salmista lo adopta para describir la unión mística con Dios: «Mi alma está unida (*dāḇaq*) a ti» (Sal 63,8; cf 1Cor 6,16-17). Como afirma el papa Francisco, «el verbo "unirse" en el original hebreo indica una estrecha sintonía, una adhesión física e interior, hasta tal punto que se utiliza para describir la unión con Dios: "Mi alma está unida a ti" (Sal 63,8), canta el orante. Se evoca así la unión matrimonial no solamente en su dimensión sexual y corpórea sino también en su donación voluntaria de amor. El fruto de esta unión es "llegar a ser

---
[17] BENEDICTO XVI, Carta enc. *Deus caritas est* (25 de diciembre de 2005), n. 11: AAS 98 (2006), pp. 226-227.

una sola carne", sea en el abrazo físico, sea en la unión de los corazones y de las vidas y, quizás, en el hijo que nacerá de los dos, el cual llevará en sí, uniéndolas no solo genéticamente sino también espiritualmente, las dos "carnes"»[18]. Con la fórmula *«una caro»*, la entrega recíproca y total de la pareja se convierte en una relación exclusiva e integral. Por lo tanto, con el sugerente término *'iššāh* aplicado a la mujer (cf Gén 2,23), el autor sagrado ha querido recordar que estas dos personas constituyen una pareja, iguales en su dignidad radical, pero diferentes en su individualidad. La plenitud de la unión entre seres humanos está en esta igualdad hecha de reciprocidad necesaria, dialógica y complementaria. En definitiva, según el proyecto original del Creador, al que el mismo Jesús se refiere utilizando la expresión «al principio» en el comentario sobre la indisolubilidad nupcial (cf Mt 19,4), el hombre y la mujer están llamados en el matrimonio a una relación única, personal, plena y duradera, a una alianza exclusiva de vida y amor, prioritaria con respecto al mismo vínculo social de la sangre (cf Gén 2,24). En

---

[18] Francisco, Exhort. ap. *Amoris laetitia* (19 de marzo de 2016), n. 13: AAS 108 (2016), p. 316.

esta clave de lectura, la aplicación de la metáfora nupcial a la relación de Dios con Israel, que emerge con toda su fuerza en los textos proféticos, abre un horizonte aún más rico para la comprensión de la vida de los esposos en la línea de una pertenencia mutua.

El simbolismo nupcial profético

15. En los Profetas, las categorías del amor conyugal imprimen rasgos particulares a la comprensión de la alianza entre Dios y su pueblo, que ya no se modula según el canon de los pactos entre el rey y los príncipes vasallos.

16. Aquí surge, de manera emblemática, la historia personal del profeta Oseas (siglo VIII a.C.), que se toma como paradigma teológico para reinterpretar la historia de amor entre el Señor e Israel (cf Os 2,4-25). A pesar de la traición sufrida por parte de su esposa Gomer, él no consigue apagar su amor por ella y, más bien, alimenta la esperanza de que ella, abandonada y decepcionada por sus amantes, «regrese» a casa para recomponer plenamente la relación amorosa, ya que esa mujer es la

única de su vida, perdonándole las traiciones (cf Os 2,16-17).

17. Esta transposición nupcial simbólica de la fidelidad divina continuará en la tradición profética, con diferentes acentos: Ezequiel narra cómo Dios se preocupa por su pueblo, como un hombre que extiende su manto sobre una mujer (cf Ez 16). Por un lado, este gesto indica el pacto conyugal en el que se ofrece protección a la esposa; por otro, tiene como objetivo proteger a la mujer de la mirada de los demás, evocando así la exclusividad del vínculo.

18. El profeta Malaquías condena la ruptura de los vínculos matrimoniales entre los miembros de Israel y el nuevo matrimonio con mujeres paganas: «Porque yo detesto el repudio, dice el Señor, Dios de Israel, y a quien cubre su vestido de iniquidad, dice el Señor de los ejércitos» (Mal 2,16). Este pasaje también ha tenido otra interpretación denominada «cultual» o «tipológica», como si se refiriera a una única perversión (la idolatría), estableciendo un paralelismo implícito entre profanar la alianza con Dios y engañar al cónyuge (el adulterio).

19. En definitiva, el amor conyugal permite realmente describir una dialéctica de alianza entre Israel y el Señor, entre la humanidad y Dios. La idea de Dios como único esposo de Israel está también relacionada con la de Israel como única esposa. La unicidad del amado se refleja también en el tema de la elección que hace de Israel el único pueblo elegido (cf Am 3,2). La alianza adquiere así una dimensión ulterior, ya que designa el vínculo entre Dios y su pueblo, basado en un vínculo monógamo tan real que la adoración de otro dios constituye un adulterio.

20. San Juan Pablo II ofrece, al respecto, una bella síntesis: «En muchos textos la monogamia aparece como la única y justa analogía del monoteísmo entendido en las categorías de la Alianza, es decir, de la fidelidad y de la entrega al único y verdadero Dios-Yahvé: Esposo de Israel. El adulterio es la antítesis de esa relación esponsalicia, es la antinomia del matrimonio (también como institución) en cuanto que el matrimonio monógamo actualiza en sí la alianza interpersonal del hombre y de la mujer, realiza la alianza nacida del amor y acogida por las dos partes respectivas

precisamente como matrimonio (y, como tal, reconocido por la sociedad). Este género de alianza entre dos personas constituye el fundamento de esa unión por la que "el hombre... se unirá a su mujer y vendrán a ser los dos una sola carne"(Gén 2,24)»[19].

La literatura sapiencial

21. En la misma línea se inscribe toda la literatura sapiencial que elogia la unión monógama como la verdadera expresión del amor entre un hombre y una mujer. El pasaje del Cantar de los Cantares: «Mi amado es mío y yo suya» (Cant 2,16), representa aquí un verdadero punto culminante. En esta joya poética, la mujer del Cantar expresa su amor utilizando el símbolo del sello que en el antiguo Oriente Próximo designaba a una persona, la identificaba y se llevaba en un brazalete o en una cadena sobre el pecho: «Grábame como sello en tu corazón, grábame como sello en tu brazo, porque es fuerte el amor como la muerte» (8,6). La amada, por tanto, declara ser casi

---

[19] S. JUAN PABLO II, Catequesis (27 de agosto de 1980), n. 4: *Insegnamenti* III, 2 (1980), p. 454.

el «documento de identidad» de su hombre: uno no existe sin el otro y viceversa. La inteligencia, la voluntad, el afecto, el obrar, toda la personalidad de uno, se comunican al otro de manera recíproca y exclusiva, en plena simbiosis. Contra esta unidad vital se levanta en vano la muerte.

22. Además, la afirmación reiterada dos veces en el Cantar de los Cantares: «Mi amado es mío y yo suya [...] Yo soy para mi amado y mi amado es para mí» (Cant 2,16; 6,3), expresa esta unidad de entrega total, de reciprocidad y de pertenencia recíproca, como una reedición de la declaración de amor dirigida por el hombre a su mujer en Gén 2,23: «hueso de mis huesos y carne de mi carne».

23. La tradición judía y la cristiana (especialmente en la mística) coinciden en interpretar el Cantar de los Cantares como una alegoría de la alianza entre Dios e Israel, de la relación entre Dios y el alma. En sentido simbólico, se puede afirmar que el libro del Cantar de los Cantares exalta el amor entre un hombre y una mujer, haciendo hincapié precisamente en la unicidad de una relación exclusiva. En la his-

toria amorosa, los dos enamorados se buscan y se desean, con una reciprocidad en la que no existe espacio para un *tertium*. Pues bien, este dato antropológico fundamental remite a la profesión de fe de Israel: «Escucha, Israel: El Señor es nuestro Dios, el Señor es uno solo» (Dt 6,4). Se trata de una de las proclamaciones más solemnes del Antiguo Testamento sobre Dios y es una proclamación que utiliza el lenguaje de la unicidad al profesar la verdad de la fe. En otras palabras, el Cantar afirma que, en el corazón palpitante de una de las experiencias antropológicas más profundas, como es la relación amorosa, existe una unicidad análoga a la que la fe proclama con respecto a Dios. Por lo tanto, la monogamia está profundamente relacionada con la unicidad y la exclusividad del Dios de Israel y va de la mano con el monoteísmo.

24. A este respecto, Benedicto XVI afirma: «Dios se sirvió del camino del amor para revelar el misterio íntimo de su vida trinitaria. Además, la íntima relación que existe entre la imagen de Dios Amor y el amor humano nos permite comprender que "a la imagen del Dios monoteísta corresponde el matrimonio

monógamo. El matrimonio basado en un amor exclusivo y definitivo se convierte en el icono de la relación de Dios con su pueblo y, viceversa, el modo de amar de Dios se convierte en la medida del amor humano". Esta indicación queda todavía, en buena parte, por explorar»[20].

25. La doble fórmula: «Mi amado es mío y yo suya [...] Yo soy para mi amado y mi amado es para mí» (Cant 2,16; 6,3), recuerda, por tanto, la fórmula teológica de la alianza entre Dios y el Israel bíblico: *El Señor es tu Dios y tú eres su pueblo* (cf Dt 7,6), y permite acceder a la categoría teológica de la alianza como compromiso recíproco de fidelidad. La categoría bíblica de la alianza permite, por último, delinear la santidad del matrimonio entre marido y mujer en su expresión de verdadera comunidad de vida y de amor a través de una donación mutua y exclusiva. Todo esto se hará plenamente evidente en los textos del Nuevo Testamento[21].

---

[20] BENEDICTO XVI, Discurso a los participantes en un Congreso internacional organizado por el Instituto Juan Pablo II para estudios sobre el matrimonio y la familia (11 de mayo de 2006): *Insegnamenti* II, 1 (2006), p. 579. Cf ID., Carta enc. *Deus caritas est* (25 de diciembre de 2005), n. 11: AAS 98 (2006), pp. 226-227.

[21] Cf CONC. ECUM. VAT. II, Const. past. *Gaudium et spes* (7 de diciembre de 1965), n. 48: AAS 58 (1966), p. 1067; FRANCISCO, Exhort. ap. *Amoris laetitia* (19 de marzo de 2016), n. 67: AAS 108 (2016), p. 338.

La simbología nupcial del Nuevo Testamento

26. En el Evangelio, Jesús se refiere explícitamente «al principio», es decir, a los orígenes de la primera pareja humana (cf Gén 1,27; 2,24), para reafirmar que el amor monógamo, fiel e indisoluble exalta la relación de pareja, concebida por el Creador en una dimensión de totalidad y exclusividad (cf Mt 19,3-9).

27. En los relatos evangélicos de Marcos y Mateo, Jesús se expresó de manera inequívoca sobre la monogamia, refiriéndose a los orígenes, a la voluntad del Creador. El debate con los fariseos sobre la posibilidad del divorcio le ofrece la oportunidad de pronunciarse con autoridad. Reafirma el principio de la monogamia que está en la base del proyecto de Dios sobre la familia: «Al principio de la creación Dios los creó hombre y mujer. Por eso dejará el hombre a su padre y a su madre, se unirá a su mujer y serán los dos una sola carne. De modo que ya no son dos, sino una sola carne. Pues lo que Dios ha unido, que no lo separe el hombre» (Mc 10,6-9; cf Mt 19,4-6). Como base de su afirmación, Jesús une dos elementos exegéticos

de peso: «varón y mujer los creó» (Gén 1,27) y «por eso abandonará el varón a su padre y a su madre, se unirá a su mujer y serán los dos una sola carne» (Gén 2,24). El primer hombre y la primera mujer están, por tanto, unidos por Dios mismo en la pareja en una sola carne. En otras palabras, Jesús devuelve la validez al proyecto originario de Dios, yendo más allá de la norma dada por Moisés y recordando una más antigua, subrayando al mismo tiempo una presencia divina en la raíz misma de esta relación: «Lo que Dios ha unido, que no lo separe el hombre» (Mt 19,6).

28. Además, el Nuevo Testamento, siguiendo la estela de la teología profética, introduce en varias ocasiones la simbología nupcial en los temas cristológicos y eclesiológicos (cf Ap 19,7-9): Cristo es llamado por el Bautista el «esposo» por excelencia (cf Jn 3,29), mientras que la esposa del Cordero es la nueva Jerusalén (cf Ap 21,1ss.), madre fecunda, salvada del ataque del dragón (cf Ap 12,3-6).

29. San Pablo desarrolla de manera sistemática el tema del amor nupcial pleno y perfecto entre Cristo y la Iglesia en la Carta a los Efe-

sios (cf Ef 5,21-33), retomando, entre otras cosas, el pasaje del Génesis sobre el ser «una sola carne» por parte de la pareja (cf Gén 2,24). El amor monógamo e indisoluble entre los dos cónyuges –siempre en la línea del tema desarrollado por los profetas para definir la alianza entre el Señor e Israel– se revela como el símbolo para describir el vínculo entre Cristo y la Iglesia. El matrimonio cristiano, en su autenticidad y plenitud, es, por tanto, signo de la nueva alianza cristiana.

30. También merece atención la fórmula del «gran misterio», traducción del griego original *mysterion*. Esta expresión fue traducida por san Jerónimo en la *Vulgata* con el término *sacramentum,* lo que permitió a la tradición eclesial asumir la fórmula paulina como proclamación explícita de la sacramentalidad del matrimonio. El pasaje en su integridad exalta de manera intensa la función teológica que desempeña el amor nupcial exclusivo. Los dos cónyuges, que se unen indisolublemente, son un signo que remite al abrazo con el que Cristo abraza a la Iglesia. Los esposos cristianos, por tanto, dan testimonio en el mundo no solo de un vínculo humano, *eros* y *ágape,* sino que son

también la «imagen» viva de un vínculo sagrado y trascendente, es decir, el que une a Cristo con la comunidad de los cristianos. Ya en el Génesis se definía como «imagen» del Dios creador a la pareja que ama y engendra: «Creó Dios al hombre a su imagen, a imagen de Dios lo creó, varón y mujer los creó» (Gén 1,27).

31. El Apóstol, evocando sobre todo el pasaje del Génesis en el que los dos, el hombre y la mujer, forman una sola carne (cf Gén 2,24), define la intimidad del amor entre marido y mujer como un emblema luminoso de la comunión de vida y caridad que existe entre Cristo y la Iglesia (cf Ef 5,32). A través de esta página de la Carta a los Efesios, tan fragante en su humanidad, pero también tan densa en su calidad teológica, Pablo no se limita a proponer un modelo de comportamiento matrimonial cristiano, sino que señala en la unión perfecta y única entre Cristo y la Iglesia la fuente originaria del matrimonio monógamo. Este no es solo una imagen de esa unión, sino que la reproduce y encarna a través del amor de los cónyuges. Es un signo eficaz y expresivo de la gracia y del amor que sustancia la unión entre Cristo y la Iglesia.

32. Por último, encontramos una hermosa exhortación en la Carta a los Hebreos. Tras la llamada a la caridad (cf Heb 13,1-3), el autor trata brevemente el matrimonio, recomendando el aprecio por este vínculo y el respeto de la fidelidad conyugal: «Que todos respeten el matrimonio; el lecho nupcial, que nadie lo mancille»[22] (Heb 13,4). El autor exhorta a honrar la institución matrimonial, subrayando el valor de las relaciones conyugales fieles. Añade una solemne advertencia: Dios juzgará a los fornicarios y a los adúlteros, es decir, a aquellos que no respetan la santidad y la unicidad del matrimonio. La exhortación a estimar el matrimonio y el lecho conyugal estaba motivada históricamente por el hecho de que diversas tendencias ascéticas denigraban dicha institución y la consideraban un compromiso con lo material, retomando a su manera lo expresado en Col 2,20-23. La exhortación, en cambio, no está dirigida contra las relaciones sexuales, sino contra quienes negaban la fidelidad de los cónyuges y la unicidad del matrimonio.

---

[22] En griego : «Τίμιος ὁ γάμος ἐν πᾶσιν καὶ ἡ κοίτη ἀμίαντος» (Heb 13,4).

III

Ecos de la Escritura en la historia

33. La Palabra revelada contenida en las Sagradas Escrituras ha producido, a lo largo de la historia de la Iglesia, diversos ecos que intentaremos recoger al menos en parte.

Algunas reflexiones de teólogos cristianos

34. Es útil acoger la riqueza del pensamiento cristiano a lo largo de los siglos, desde los Padres de la Iglesia, con su particular importancia, hasta los teólogos de diferentes escuelas y orientaciones.

Primeros desarrollos sobre la unidad y la comunión matrimonial en los Padres de la Iglesia

35. San Juan Crisóstomo reconoce un valor especial a la unidad matrimonial. A diferen-

cia de otros Padres, sostiene que «antes el matrimonio tenía dos motivos, ahora solo tiene uno». Explica, de hecho, que san Pablo (cf 1Cor 7,2.5.9) «ordena unirse, no para que se conviertan en padres de muchos hijos», sino porque esto lleva a los cónyuges a «la abolición del libertinaje y del deseo desenfrenado»[23]. En definitiva, el santo Doctor considera que la unidad del matrimonio, con la elección de una sola persona con la que unirse, lleva a liberar a las personas de un desahogo sexual desenfrenado, sin amor ni fidelidad, y orienta adecuadamente la sexualidad.

36. San Agustín, aunque subraya sobre todo la importancia de la procreación, destaca, en primer lugar, el bien de la unidad que se expresa en la fidelidad: «La fidelidad exige no tener relaciones sexuales con otro u otra»[24]. Agustín también supo expresar la belleza de la unidad conyugal como un bien en sí mismo, descrita dinámicamente como un caminar juntos, «codo con codo»: «El primer vínculo natural de la sociedad humana es el que existe entre el hombre y la mujer. Y Dios no creó a cada

---

[23] S. Juan Crisóstomo, *De virginitate*, 19: PG 48, 547.
[24] S. Agustín, *De Genesi ad litteram*, IX, c. 7, n. 12: PL 34, 397.

uno de ellos por separado, para luego unirlos como extraños, sino que creó a una a partir del otro, y el costado del hombre, del que fue extraída y formada la mujer, indica la fuerza de su conexión. De hecho, costado a costado se unen aquellos que caminan juntos y que juntos miran hacia la misma meta»[25].

37. Ya antes de san Agustín, es bien conocida la alabanza de Tertuliano al matrimonio entendido como unidad en la carne y en el espíritu de dos que caminan «en una sola esperanza»: «¿De dónde voy a sacar la fuerza para describir de manera satisfactoria la dicha del matrimonio que celebra la Iglesia? [...] ¡Qué matrimonio el de dos cristianos, unidos por una sola esperanza, un solo deseo, una sola disciplina, el mismo servicio! Los dos hijos de un mismo Padre, servidores de un mismo Señor; nada los separa, ni en el espíritu ni en la carne; al contrario, son verdaderamente dos en una sola carne. Donde la carne es una, también es uno el espíritu»[26].

---

[25] ID., *De bono coniugali*, 1, 1: PL 40, 373.
[26] TERTULIANO, *Ad uxorem*, II, 8, 6-7: CCSL 1, 393, citado como en el *Catecismo de la Iglesia católica*, n. 1642 (cf PL 1, 1302A-B). Cabe señalar que Tertuliano trató el tema de la monogamia en una obra específica: *De monogamia* (PL 2, 929-954). Además, otro Padre que abordó

38. Este hecho de ser «una sola carne» es interpretado por los Padres de una manera intensamente realista, hasta tal punto que, ante las contradicciones en los hechos de la realidad de la unidad conyugal, no temen pronunciar afirmaciones como las siguientes: «divide su carne, divide su cuerpo»[27]; «como la maldad de cortar su carne»[28]; «Dios no quiso que el cuerpo fuera dividido y separado»[29].

39. En cualquier caso, hay que recordar que la Iglesia latina subraya especialmente los aspectos jurídicos del matrimonio, lo que ha llevado a la hermosa convicción de que los propios esposos son ministros del sacramento[30]. Con su consentimiento, dan origen a la unión matrimonial única y exclusiva, dato objetivo anterior a cualquier experiencia o sentimiento, incluso espiritual. Los Padres orientales, y las Iglesias

---

directamente el tema fue san Jerónimo. Cf *Epistula 123, ad Geruchiam de monogamia* (PL 22, 1046-1059).

[27] S. AMBROSIO, *Expositio Evangelii secundum Lucam,* VIII, 7: PL 15, 1767.

[28] S. JUAN CRISÓSTOMO, *Commentarium in Matthaeum,* hom. 62, 2: PG 58, 597.

[29] LACTANCIO, *Divinae institutiones,* VI, 23: PL 6, 720.

[30] Cf PÍO XII, Carta enc. *Mystici Corporis* Christi (29 de junio de 1943), «Matrimonio enim, quo coniuges sibi invicem sunt ministri gratiae, externo Christianae consortionis providetur ordinateque incremento»: AAS 35 (1943), p. 202.

orientales, enfatizan más los aspectos teológicos, místicos y eclesiales de una unión que, gracias a la bendición de la Iglesia, se enriquece con el tiempo bajo el impulso de la gracia, mientras que la comunión entre los cónyuges se integra cada vez más en la comunión eclesial. Por eso, en Oriente se ha valorado más el rito del matrimonio, con todos sus signos, la oración y los gestos del sacerdote. Ya san Juan Crisóstomo habla de la coronación de los esposos *(stephánōma)* realizada por el sacerdote y explica su significado mistagógico: «Por esta razón se colocan las coronas sobre sus cabezas, como símbolo de victoria, ya que, al haber permanecido invictos, llegan al lecho matrimonial»[31].

40. Al mismo tiempo, en Oriente prevalece una visión más positiva del aspecto relacional, que se expresa también en la unión sexual en

---

[31] S. JUAN CRISÓSTOMO, *Homiliae in Epistolam I ad Timotheum*, c. II, hom. 9: PG 62, 546. La Comisión Teológica Internacional ha tratado de acoger la visión de la Iglesia oriental explicando que hay que evitar que el valor del consentimiento de los cónyuges «convierta el sacramento en una mera emanación de su amor. El sacramento como tal pertenece totalmente al misterio de la Iglesia, en la que son introducidos, de manera privilegiada, por su amor conyugal» (COMISIÓN TEOLÓGICA INTERNACIONAL, *La doctrina católica sobre el sacramento del matrimonio* [1977], B. Las «dieciséis tesis cristológicas» de Gustave Marthelet, S.I., aprobadas «en forma genérica» por la Comisión Teológica Internacional, tesis 10).

el matrimonio, sin reducir su finalidad a la sola procreación. Esto se atestigua, por ejemplo, cuando san Clemente de Alejandría se distancia fuertemente de aquellos que consideran el matrimonio un pecado, incluso cuando lo toleran con el fin de garantizar la prolongación de la especie. Por el contrario, él reitera: «Si el matrimonio es pecado según la Ley, no sé cómo alguien puede decir que conoce a Dios cuando afirma que el mandamiento de Dios es pecado. No, si la "Ley es santa", el matrimonio es santo»[32]. Para san Juan Crisóstomo, además, el matrimonio «no debe considerarse una compraventa, sino una *comunión de vida*»[33], y subraya que la continencia exagerada en el matrimonio podía poner en peligro la unidad matrimonial.

41. La unidad y la comunión conyugal como reflejo de la unión entre Cristo y la Iglesia (cf Ef 5,28-30) es un tema especialmente desarrollado por los Padres orientales, y san Gregorio Nacianceno saca de él consecuencias espirituales concretas: «Es hermoso que la mu-

---

[32] S. Clemente de Alejandría, *Stromata* III, 12: PG 8, 1185B, que cita Rom 7,12.

[33] S. Juan Crisóstomo, *Quales ducendae sint uxores*, 3: PG 51, 230 (cursiva añadida).

jer respete a Cristo a través de su marido, y es hermoso que el hombre no desprecie a la Iglesia a través de su mujer [...] Pero que también el marido cuide de su mujer, como, de hecho, Cristo cuida de la Iglesia»[34].

Algunos autores medievales y modernos

42. En el pensamiento de san Buenaventura sobre el matrimonio, sustancialmente homogéneo al de santo Tomás, del que se hablará más adelante, podemos identificar una reflexión, en el marco de una visión teologal, que incluye la necesidad de la consumación para que el matrimonio pueda significar plenamente la unión entre nosotros y Cristo: «Puesto que el consentimiento, en cuanto consentimiento sobre la acción futura, no es propiamente consentimiento, sino promesa del mismo; y dado que el consentimiento, en verdad, antes de la unión carnal no produce una unión plena, ya que aún no son una sola carne, se deduce que a través de las palabras sobre el futuro se dice que el matrimonio ha

---

[34] S. Gregorio Nacianceno, *Oratione* 37, 7: PG 36, 291.

comenzado, se ratifica con palabras referidas al presente, pero se consuma en la unión carnal, porque entonces son una sola carne y se convierten en un solo cuerpo; y con ello se significa plenamente esa unión que hay entre nosotros y Cristo. Es entonces, de hecho, cuando el cuerpo de uno se entrega plenamente al cuerpo del otro»[35].

43. Es útil recordar también el pensamiento teológico-pastoral de san Alfonso María de Ligorio, que presenta la unión y el don mutuo de los esposos de manera integral (incluidas las relaciones sexuales), presentándolos como fines intrínsecos *esenciales*, mientras que considera la procreación como un fin intrínseco pero *accidental*. Por lo tanto, sostiene que «se pueden considerar tres *fines* en el matrimonio: fines intrínsecos esenciales, intrínsecos accidentales y fines accidentales extrínsecos. Los fines *intrínsecos esenciales* son dos: el don recíproco con la obligación de satisfacer el débito conyugal [es decir, las relaciones sexuales] y el vínculo indisoluble. Los fines *intrínsecos accidentales* son

[35] S. Buenaventura, *Breviloquium*, VI, 13, 3, trad. de M. Aprea, en *Opuscoli teologici/2. Breviloquio, Opere di San Bonaventura 5/2*, Città Nuova, Roma 1996, pp. 293-295.

también dos: la generación de la descendencia y el remedio de la concupiscencia»[36].

44. San Alfonso se refiere también a los fines extrínsecos, como el placer, la belleza y muchos otros, que son lícitos[37]. De este modo, el santo Doctor de la Iglesia intenta enriquecer la visión del matrimonio para desarrollar un enfoque pastoral que ayude a los cónyuges a vivir su unión de una manera más rica y estimulante. Está permitido desear el matrimonio también por la atracción particular hacia alguno de estos fines extrínsecos, porque, siempre que no se excluyan los fines principales, esto «no es un desorden»[38].

45. Más cerca de nuestros tiempos, el teólogo y filósofo personalista Dietrich von Hildebrand retoma el énfasis en la centralidad del amor en el matrimonio dado por la enseñanza del papa Pío XI, con el fin de profundizar en la comprensión de las propiedades y significados del

---

[36] S. Antonio María de Ligorio, *Theologia moralis* (Editio nova Leonardi Gaudé), Typis Polyglottis Vaticanis, Roma 1912, lib. VI, tract. VI, c. II, dub. I, n. 882.
[37] Cf *ib.*: «En cambio, los fines accidentales extrínsecos pueden ser muchos, como la consecución de la paz, la búsqueda del placer, etc.».
[38] *Ib.*, n. 883.

matrimonio mismo[39]. En relación con el tema en cuestión, distingue dos formas de unión que se complementan mutuamente y enriquecen el enfoque inicial de este documento: la primera forma de unión se expresa con el pronombre «nosotros», la segunda con la pareja «yo-tú». En el «yo-tú», los dos se encuentran cara a cara, se entregan el uno al otro, de tal manera que «la otra persona actúa enteramente como sujeto, nunca como mero objeto»[40]. Esto implica también pasar de considerar al otro como un «él» a reconocerlo como un «tú». En cambio, cuando la unión se considera como un «nosotros», el otro está conmigo, está a mi lado, caminando juntos motivados por las cosas comunes que nos unen[41]. La unión conyugal vive de ambas experiencias.

46. En la unión matrimonial, von Hildebrand destaca dos actitudes imprescindibles. La primera es la *discretio,* es decir, un espacio de intimidad personal que preserva la identidad y

---

[39] Cf D. VON HILDEBRAND, *Il matrimonio,* trad. de B. Magnino, Morcelliana, Brescia 1959.
[40] ID., *Metaphysik der Gemeinschaft. Untersuchungen über Wesen und Wert der Gemeinschaft, Kirche und Gesellschaft* 1, Haas & Grabherr, Augsburgo 1930, p. 40.
[41] *Ib.,* n. 45.

la libertad de cada uno, pero que puede compartirse con una decisión totalmente libre, lo que en este caso conduce a una profundización del vínculo. La segunda actitud es la «reverencia» por el otro, que manifiesta, en particular en la unión sexual, el hecho de que se ama a una persona, sagrada e inviolable, no a un objeto cualquiera. El dinamismo interno del vínculo matrimonial –el «nosotros», según las categorías de von Hildebrand– impulsa a los cónyuges a manifestar cada vez más su íntima comunión personal.

47. Esta visión también la comparte Alice von Hildebrand, nacida Jourdain, esposa de Dietrich. En particular, sostiene que la plena realización de la humanidad solo puede lograrse *en la unión* entre el hombre y la mujer, la «divina invención»: «no solo Él [Dios] hizo al hombre compuesto de alma y cuerpo –una realidad espiritual y una material– sino que, además, para coronar esta complejidad, "varón y hembra los creó". Es evidente que la plenitud de la naturaleza humana se encuentra en la unión perfecta entre el hombre y la mujer»[42]. Por lo

---

[42] A. von Hildebrand, *Man and Woman: A Divine Invention*, Ignatius Press, Florida 2010, p. xiii.

tanto, el amor esponsal entre el hombre y la mujer es considerado por la filósofa y teóloga belga como la cúspide de la vocación humana, la expresión suprema de la imagen divina como llamada al don de sí mismo en el amor, donde la ternura del afecto entre los dos desempeña un papel fundamental, querido por el mismo Creador: «El corazón es el centro de la persona»[43], advierte la filósofa von Hildebrand, ante ciertas tentaciones de anteponer el activismo a la receptividad del amor, entendido precisamente en sentido afectivo. Añade, además, que «donde reina la ternura, la concupiscencia se aleja»[44].

48. El carácter de donación total del amor esponsal también se puede ver en lo que ella connota como una verdadera dimensión «sacrificial» del amor, con una clara referencia al amor «hasta el final» de Cristo –que consiste en anteponer el bien del otro al propio–, en lo que se puede llamar una «muerte» a uno mismo, que en algunas ocasiones puede llevar incluso a renunciar a las alegrías de la vida familiar por amor a un bien mayor: «Lo que

[43] Ib., p. 58.
[44] Ib., p. 10.

muchos "amantes" olvidan, ya se trate de amigos o de marido y mujer, es que el sacrificio es la savia de los grandes amores. Que el sacrificio sea la vitamina sagrada del amor se aplica también al matrimonio, que ofrece a los cónyuges innumerables ocasiones de morir a sí mismos»[45]. En otras palabras, esto significa que el amor esponsal muestra su fecundidad, a la vez humana y espiritual, cuando permanece abierto a las exigencias más elevadas de la caridad[46].

El desarrollo de la visión teologal en tiempos recientes

49. Hans Urs von Balthasar concede una importancia particular al consentimiento matrimonial que crea esa nueva unidad que trasciende a los dos individuos: «El acuerdo entre dos personas tan despojadas de sí mismas solo es posible en un tercer elemento, que [...] es ese factor objetivo que se compone de sus dos libertades: su voto, su promesa solemne,

---

[45] *Ib.*, pp. 135-136.
[46] Cf FRANCISCO, Exhort. ap. *Amoris laetitia* (19 de marzo de 2016), n. 181: AAS 108 (2016), p. 383.

en la que cada uno da su consentimiento definitivo a la libertad del otro y a su misterio y se entrega a este misterio. Es una realidad que debe llamarse objetiva solo porque es más que la yuxtaposición de sus dos subjetividades [...], sus voluntades hechas una (de pertenecerse el uno al otro), que se sitúa por encima de ellos y entre ellos, porque ninguno de los dos puede reclamar para sí la unidad que ha surgido»[47].

50. Este pacto, en el que cada uno de los dos se trasciende a sí mismo y se rinde ante la nueva realidad que se crea, no es en modo alguno una negación de sí mismos como individuos libres: es, por el contrario, una plenitud de libertad que se realiza al donarse totalmente a otra persona: «El acontecimiento de donarse en posesión recíproca, que solo se realiza bajo la bóveda extendida sobre ellos por el Espíritu de amor que los guía y los inspira, es todo menos una alienación de sí mismo por parte del individuo. Esto no se consigue por sí mismo sino en virtud de la llamada de la otra libertad, que le da la capacidad de resolver, de decidir

[47] H. U. VON BALTHASAR, «Pneuma e istituzione», en *Spirito e istituzione. Saggi teologici* IV, Balthasar & Speyr, Milán 2019, p. 232. (Ed. esp.: *Pneuma e institución. Ensayos teológicos* IV, Encuentro, Madrid 2008).

por sí mismo, y esta resolución madura, "alcanza la mayoría de edad", precisamente cuando no sigue replegándose con vacilación, sino que se concentra, se recoge, para donarse de una vez por todas»[48].

51. Este autor examina de una manera particular y teológicamente profunda cómo esta unidad matrimonial refleja la unión entre Cristo y su Iglesia: «La unidad de medida del amor matrimonial se convierte en el amor entre Cristo y su Iglesia [...] La unidad original consiste en que la Iglesia nace de Cristo como Eva de Adán: surgida del costado traspasado del Señor dormido en la cruz, a la sombra de la muerte y del infierno. Por eso, ella es su cuerpo, como Eva era carne de la carne de Adán. En este sueño mortal de la Pasión, él "formó para sí a la Iglesia, como esposa maravillosa, sin arruga ni mancha" (Ef 5,24-27). Él mismo, como hombre, se deja caer en el sueño de la muerte, para poder, como Dios, extraer misteriosamente del muerto aquella fecundidad con la que creará a su esposa, la Iglesia. Así, ella es él mismo, y sin embargo no es él mismo: es

---

[48] *Ib.*, pp. 236-237.

su cuerpo y su esposa. "El que ama a su mujer se ama a sí mismo. Nadie ha odiado jamás su propia carne; la protege y la cuida. Así hace también Cristo con su Iglesia, ya que somos miembros de su cuerpo" (Ef 5,28-30)»[49].

52. Esta visión cristológica y pneumatológica tiene consecuencias concretas en la experiencia matrimonial: «Si volvemos a fijarnos en la entrega mutua de los esposos, esto muestra claramente una vez más que la ley común de su amor (en sentido cristológico) brota tanto de su propia actitud de darse voluntariamente en posesión –y por lo tanto no es una ley impuesta desde fuera– y realmente se eleva, superando a ambos, como tercera entidad fecunda, creativa (en sentido pneumatológico) y los inspira a los actos de su entrega»[50].

53. Karl Rahner también concibe la unidad matrimonial como expresión del amor entre Cristo y la Iglesia, pero no como si Cristo y la Iglesia fueran iguales entre sí, ya que el amor con el que Cristo ama a la Iglesia tiene su ori-

---

[49] H. U. von Balthasar, *Gli stati di vita del cristiano*, Jaca Book, Milán 2017³, pp. 202-203.
[50] Id., «Pneuma e istituzione», *o.c.*, p. 234.

gen en «la voluntad misericordiosa de Dios de comunicarse»[51]. De esta voluntad, como causa, surge el primer efecto, que es la unidad Cristo-Iglesia. Al final, el amor, tal y como se expresa en la vida de los esposos, tiene su punto de origen en Dios mismo[52]. Es útil detenernos en dos textos de Rahner suficientemente elocuentes. El primero: «En el amor verdaderamente personal hay algo implícito e incondicional que remite más allá y por encima de la causalidad del encuentro de los amantes: ellos, cuando aman de verdad, crecen continuamente por encima de sí mismos, arriban a una corriente que ya no tiene su punto de llegada en lo finito y lo determinable. Lo que yace en una lejanía infinita, que se evoca tácitamente en tal amor, al final solo puede llamarse con un nombre: Dios»[53]. Y el segundo texto: «El matrimonio y el vínculo entre Dios y la humanidad en Cristo no solo pueden ser comparados entre sí *por nosotros*, sino que, más bien, se encuentran objetivamente en una relación recíproca tal que el matrimonio representa objetivamente este

---

[51] K. Rahner, *Schriften zur Theologie*, Band VIII, Benziger, Einsiedeln-Zúrich-Colonia 1967, p. 539.

[52] Cf Id., *Sul matrimonio*, trad. de G. Ruggieri, *Meditazioni teologiche* 6, Morcelliana, Brescia 1966, p. 10.

[53] *Ib.*

amor que Dios tiene en Cristo por la Iglesia, la relación y el comportamiento de Cristo con la Iglesia prefigura la relación y el comportamiento que rige en el matrimonio, y en esto encuentra su culminación, de modo que comprende el matrimonio en sí como un momento de sí»[54].

54. La visión cristológico-trinitaria sobre la unidad matrimonial ha sido luego subrayada con fuerza y de manera poética por varios autores ortodoxos contemporáneos. Citamos tres ejemplos:

55. Partiendo de su propia visión mística, el teólogo ortodoxo Alexander Schmemann afirma: «En un matrimonio cristiano, de hecho, hay tres personas casadas; y la lealtad unida de los dos hacia el tercero, que es Dios, mantiene a los dos en una unidad activa entre ellos y con Dios. Sin embargo, es precisamente la presencia de Dios la que marca el fin del matrimonio como algo puramente "natural". Es la cruz de Cristo la que pone fin a la autosuficiencia de la naturaleza. Pero "con la cruz, la alegría en-

---

[54] Id., *Chiesa e sacramenti*, trad. de A. Bellini, Morcelliana, Brescia 1969³, p. 106.

tró en el mundo entero". Su presencia es, por tanto, la verdadera alegría del matrimonio»[55].

56. Otro hermoso testimonio se encuentra en las siguientes palabras del filósofo y teólogo ruso Pavel Evdokimov: «La unidad consustancial del matrimonio constituye la unidad de dos personas que se sitúan en Dios [...] Por lo tanto, la estructura trinitaria inicial es: hombre-mujer en el Espíritu Santo. La realización efectiva de su unidad en el matrimonio (donde el marido, según Pablo, es imagen de Cristo y la mujer es imagen de la Iglesia) se convierte en el equivalente conyugal de la unidad Cristo-Espíritu»[56].

57. Por último, merece la pena citar un pasaje esclarecedor del teólogo John Meyendorff: «Un cristiano está llamado, ya en este mundo, a experimentar una vida nueva, a convertirse en ciudadano del Reino, y puede hacerlo en el matrimonio [...] Es una unión singular de dos seres enamorados, dos seres que pueden trascender su propia humanidad y estar así unidos

---

[55] A. SCHMEMANN, *For the Life of the World. Sacraments and Orthodoxy*, SPCK Publishing, Nueva York 1998[2], pp. 90-91.
[56] P. EVDOKIMOV, *Le mariage, sacrement de l'amour*, Desclée de Brouwer, Lyon 1944, p. 199.

no solo "el uno con el otro", sino también "en Cristo"»[57].

58. Los autores orientales de nuestro tiempo también insisten en el aspecto relacional a la luz de la Trinidad. El teólogo griego Ioannis Zizioulas afirma que «la persona es alteridad en la comunión y comunión en la alteridad. La persona es una identidad que surge a través de la relación (*schesis*, en la terminología de los Padres griegos); es un "yo" que solo puede existir en tanto se relaciona con un "tú" que afirma su existencia y su alteridad [...] [El "yo"] no puede simplemente ser sin el otro. Se trata de lo que distingue a la persona del individuo»[58]. En el contexto de esta particular valoración oriental de la relación, que en última instancia es un reflejo de la comunión trinitaria, otro teólogo y filósofo griego, Christos Yannaras, muestra cómo la vida conyugal debe entenderse en el marco más amplio de las relaciones en la comunidad eclesial, lo que permite entender la sexualidad como

---

[57] J. Meyendorff, *Marriage, An Orthodox Perspective*, St Vladimirs Seminary Press, Nueva York 2000³, p. 16.

[58] I. Zizioulas, *Comunione e alterità*, trad. de M. Campatelli – G. Cesareo, Centro Aletti, Roma 2016, p. 11. (Ed. esp.: *Comunión y alteridad*, Sígueme, Salamanca 2009).

una relación personal transfigurada por la gracia trinitaria: «La relación y el conocimiento entre los cónyuges se convierten en acontecimientos eclesiales, se realizan no solo por medio de la naturaleza, sino también por medio de la Iglesia [...], en el ámbito de las relaciones que mantienen unida a la Iglesia como imagen del modelo trinitario»[59]. E inmediatamente explica que «esto no significa una "espiritualización"del matrimonio y una devaluación de la relación natural, sino una transformación dinámica del impulso natural en un acontecimiento de comunión personal, según el modo en que la Iglesia realiza la comunión, es decir, como gracia-don gratuito de alteridad y libertad personales»[60].

Intervenciones magisteriales

Primeras intervenciones

59. Hasta León XIII, las intervenciones relacionadas con la monogamia fueron pocas

---

[59] C. YANNARAS, *La libertà dell'ethos*, trad. de B. Petrà, Qiqajon, Magnano 2015, pp. 164ss.
[60] *Ib.*

y esenciales. Cabe mencionar una breve pero importante intervención de Inocencio III en el año 1201, en la que se refiere a los paganos que «reparten el afecto conyugal entre muchas mujeres a la vez» y, basándose en el Génesis, afirma que es contrario a la fe cristiana, «como quiera que al principio una sola costilla fue convertida en mujer»[61]. A continuación, se remite a las Escrituras (cf Ef 5,31; Gén 2,24; Mt 19,5) para subrayar que se dice que «serán dos en una sola carne» (*duo in carne una*) y que el hombre se unirá «a su mujer», no «a sus mujeres». Por último, interpreta la prohibición del adulterio (cf Mt 19,9; Mc 10,11) como referida al matrimonio monógamo[62].

60. El Segundo Concilio de Lyon sostiene que se tiene por firme «que ni a un varón se le permite tener a la vez muchas mujeres ni a una mujer muchos varones»[63]. El Concilio de Trento deduce el sentido de la monogamia del hecho de que Cristo, el Señor, enseñó

---

[61] Inocencio III, Carta *Gaudemus in Domino*, al obispo de Tiberíades (1201): DH 778.

[62] Cf *ib.*: DH 779.

[63] Concilio de Lyon II, Sesión IV (6 de julio de 1274), Profesión de fe del emperador Miguel VIII Paleólogo: DH 860.

abiertamente que con este vínculo solo dos se unen estrechamente, cuando dijo: «Así, pues, ya no son dos sino una sola carne»[64]. En el siglo XVIII, Benedicto XIV, teniendo en cuenta la situación de los matrimonios clandestinos, reitera que «ninguno de los dos puede pasar a otras nupcias, mientras el otro sobreviva»[65].

León XIII

61. En cuanto al tema de la monogamia, en la enseñanza de León XIII vuelve a aparecer el argumento central sobre el hecho de que los cónyuges constituyen «una sola carne»: «Esto lo vemos declarado y abiertamente confirmado en el Evangelio por la autoridad divina de Jesucristo, que atestiguó a los judíos y a los apóstoles que el matrimonio, por su misma institución, *solo puede llevarse a cabo entre dos, esto es, entre un hombre y una mujer;* que de estos dos viene a resultar como una sola carne»[66].

---

[64] Cf Concilio de Trento, Sesión XXIV (11 de noviembre de 1563), *Doctrina y cánones sobre el sacramento del matrimonio:* DH 1798.

[65] Benedicto XIV, Declaración *Matrimonia quae in locis* (4 de noviembre de 1741), n. 2: DH 2517.

[66] León XIII, Carta enc. *Arcanum divinae Sapientiae* (10 de febrero de 1880): ASS 12 (1879), pp. 386-387. (cursiva añadida).

62. En su reflexión, la defensa de la monogamia constituye igualmente una defensa de la dignidad de la mujer, que no puede ser negada ni deshonrada ni siquiera por el deseo de procrear. La unidad del matrimonio implica, por tanto, una elección libre de la mujer, que tiene derecho a exigir una reciprocidad exclusiva: «nada era más miserable que la esposa, relegada a un grado de abyección tal, que se la consideraba como un mero instrumento para satisfacción del vicio o para engendrar hijos. Impúdicamente se compraba y vendía a las que iban a casarse, cual si se tratara de cosas materiales, concediéndose a veces al padre y al marido incluso la potestad de condenar a la mujer con el suplicio extremo»[67].

63. El matrimonio monógamo es la expresión de una búsqueda recíproca y exclusiva del bien del otro: «Es necesario que se hallen siempre dispuestos de tal modo que entiendan que mutuamente se deben el más grande amor, una constante fidelidad y una solícita y continua ayuda»[68]. Esta realidad de ser «una sola carne» adquiere con Cristo una nueva y preciosa mo-

[67] *Ib.*, p. 387.
[68] *Ib.*, p. 389.

tivación y alcanza su plenitud en el sacramento del matrimonio: «Añádase a esto que el matrimonio es sacramento porque es un signo sagrado y eficiente de gracia y es imagen de la unión mística de Cristo con la Iglesia. Ahora bien: la forma y figura de esta unión está expresada por ese mismo vínculo de unión suma con que se ligan entre sí el marido y la mujer, y que no es otra cosa sino el matrimonio mismo»[69].

Pío XI

64. El papa Pío XI ofrece un mayor desarrollo de la doctrina sobre la unidad matrimonial en la encíclica *Casti connubii*. Subraya el valor de la fidelidad recíproca «de los cónyuges en el cumplimiento del contrato matrimonial, de tal modo que lo que, en este contrato, sancionado por la ley divina, compete a una de las partes, ni a ella le sea negado ni a ningún otro permitido». Y concluye: «Esta fidelidad exige ante todo la absoluta unidad del matrimonio, ya prefigurada por el mismo Creador en el de nuestros primeros padres, cuando quiso que

---

[69] *Ib.*, p. 394.

no se instituyera sino entre un hombre y una mujer»[70].

65. El Pontífice enriquece así la enseñanza sobre la unidad del matrimonio, proponiendo una reflexión inédita sobre el amor conyugal, «que penetra todos los deberes de la vida de los esposos y tiene cierto *primado de nobleza* en el matrimonio cristiano»[71]. Y lo más noble que se puede encontrar en un matrimonio es el amor conyugal, sobre todo cuando alcanza por gracia el nivel sobrenatural de la caridad. Como consecuencia, la unión matrimonial se convierte en un camino de crecimiento espiritual: «No solo comprende el auxilio mutuo en la sociedad doméstica, sino que es necesario que se extienda también y aun que se ordene sobre todo a la ayuda recíproca de los cónyuges en orden a la formación y perfección, mayor cada día, del hombre interior, de tal manera que por su mutua unión de vida crezcan más y más también cada día en la virtud y sobre todo en la verdadera caridad para con Dios y para con el prójimo [...] Esta recíproca formación interior

---

[70] Pío XI, Carta enc. *Casti connubii* (31 de diciembre de 1930): AAS 22 (1930), p. 546 [cf DH 3706].
[71] *Ib.*, AAS 22 (1930), pp. 547-548 (cursiva añadida); cf S. Agustín, *De bono coniugali* 24, 32: PL 40, 394D.

de los esposos, este cuidado asiduo de mutua perfección puede llamarse también, en cierto sentido muy verdadero [...], *la causa y razón primera del matrimonio*»[72]. Esta «ampliación» del sentido del matrimonio, que supera el sentido estricto, predominante hasta ese momento de institución ordenada a la procreación y a la educación recta de la descendencia, ha abierto el camino para una profundización del sentido unitivo del matrimonio y de la sexualidad.

66. También cabe recordar cómo, en su época, el papa Pío XI se sintió impulsado a destacar aquellas tendencias contrarias a la monogamia que hoy en día se han vuelto mucho más comunes: «Falsean, por consiguiente, el concepto de fidelidad los que opinan que hay que contemporizar con las ideas y costumbres de nuestros días en torno a cierta fingida y perniciosa amistad de los cónyuges con alguna tercera persona, defendiendo que a los cónyuges se les ha de consentir una mayor libertad de sentimientos y de trato en dichas relaciones externas, y esto tanto más cuanto que (según ellos afirman) en no pocos es congénita una

---

[72] Pío XI, Carta enc. *Casti connubii* (31 de diciembre de 1930): AAS 22 (1930), p. 548 (cursiva añadida).

índole sexual, que no puede saciarse dentro de los estrechos límites del matrimonio monógamo. Por ello tachan de estrechez ya anticuada de entendimiento y de corazón, o reputan como viles y despreciables celos, aquel rígido estado habitual de ánimo de los cónyuges honrados que reprueba y rehúye todo afecto y todo acto libidinoso con un tercero; y por lo mismo, sostienen que son nulas o que deben anularse todas las leyes penales de la república encaminadas a conservar la fidelidad conyugal»[73].

Los tiempos del Concilio Vaticano II

67. Siguiendo el camino abierto por *Casti connubii*, el Concilio Vaticano II presenta el matrimonio ante todo como una obra de Dios que consiste en una comunión de amor y de vida que comparten los dos cónyuges, comunión que no está orientada solo a la procreación, sino también al bien integral de ambos. El matrimonio se define como «íntima comunión de vida y amor conyugal»[74]. En el

---

[73] *Ib.*: AAS 22 (1930), 566.
[74] Conc. Ecum. Vat. II, Const. past. *Gaudium et spes* (7 de diciembre de 1965), n. 48: AAS 58 (1966), p. 1067.

matrimonio, el hombre y la mujer, que por la alianza conyugal «"ya no son dos, sino una sola carne" (Mt 19,6), se prestan mutuamente ayuda y servicio mediante la unión íntima de sus personas y sus obras, *experimentando el sentido de su unidad y lográndola más plenamente cada día.* Tanto esta íntima unión, en cuanto donación mutua de dos personas, como el bien de los hijos exigen la fidelidad plena de los cónyuges y urgen su indisoluble unidad»[75].

68. Cristo mismo, «mediante el sacramento del matrimonio, sale al encuentro de los esposos cristianos. Permanece además con ellos para que, así como Él mismo amó a la Iglesia y se entregó por ella, así también los cónyuges, con su mutua entrega, se amen con perpetua fidelidad. El auténtico amor conyugal es asumido en el amor divino y se rige y se enriquece por la fuerza redentora de Cristo y la acción salvífica de la Iglesia»[76]. De este modo, es posible vivir el amor conyugal: «ya que se dirige de persona a persona con el afecto de la voluntad, abarca el bien de toda la persona y por ello puede enriquecer con una dignidad particular las expresiones del

---

[75] *Ib.*,n. 48: AAS 58 (1966), p. 1068 (cursiva añadida).
[76] *Ib.*

cuerpo y del espíritu y de ennoblecerlas como signos especiales de la amistad conyugal. El Señor se ha dignado sanar, perfeccionar y elevar este amor con un don especial de la gracia y la caridad. Tal amor, que asocia al mismo tiempo lo humano y lo divino, lleva a los esposos a un don mutuo y libre de sí mismos, demostrado con ternura de afectos y de obras, e impregna toda su vida»[77]. Los actos sexuales en el matrimonio, «realizados de modo verdaderamente humano, significan y fomentan la recíproca donación, con la que se enriquecen mutuamente con alegría y gratitud»[78].

69. El Concilio se refiere explícitamente a la unidad matrimonial para expresar que esta «aparece plenamente confirmada por el Señor al reconocer la igual dignidad personal a la mujer y al varón en el mutuo y pleno amor»[79]. La defensa de la unidad matrimonial en el Concilio se basa, así, en dos puntos firmes: por un lado, el Concilio reafirma que la unión matrimonial es totalizante, «impregna toda su vida»[80] y, por consiguiente, solo es posible

---

[77] *Ib.*, n. 49: AAS 58 (1966), p. 1070.
[78] *Ib.*
[79] *Ib.*
[80] *Ib.*

entre dos personas; por otro lado, subraya que tal amor corresponde a la igual dignidad de cada uno de los cónyuges, quienes, en el caso de una unión «plural», se encontrarían en la situación de tener que compartir con otros lo que debe ser íntimo y exclusivo, convirtiéndose así en una especie de objetos, en una relación que degrada su dignidad personal[81].

70. San Pablo VI, una vez finalizado el Concilio y retomando sus reflexiones sobre el matrimonio, expresa una profunda preocupación por los temas del matrimonio y la familia. Si en la *Humanae vitae* desea subrayar el significado procreativo del matrimonio y de los actos sexuales, al mismo tiempo quiere mostrar que ese significado es inseparable del otro: el unitivo. De hecho, afirma que «por su íntima estructura, *mientras une profundamente a los esposos*, los hace aptos para la generación de nuevas vidas»[82]. En este contexto, reafirma el valor de

---

[81] Este mismo argumento fue retomado por san Juan Pablo II cuando explicaba que la poligamia «es contraria a la igual dignidad personal del hombre y de la mujer, que en el matrimonio se dan con un amor total y por lo mismo único y exclusivo» (S. JUAN PABLO II, Exhort. ap. *Familiaris consortio* [22 de noviembre de 1980], n. 19: AAS 74 [1982], p. 102; cf CONC. ECUM. VAT. II, Const. past. *Gaudium et spes* [7 de diciembre de 1965], n. 47: AAS 58 [1966], p. 1067).

[82] S. PABLO VI, Carta enc. *Humanae vitae* (25 de julio de 1968), n. 12: AAS 60 (1968), pp. 488-489 (cursiva añadida).

la reciprocidad y la exclusividad que reclama la comunión de amor y el perfeccionamiento mutuo[83]. Existe una «inseparable conexión» entre los dos significados de los actos sexuales: «Salvaguardando ambos aspectos esenciales, unitivo y procreador, el acto conyugal conserva íntegro el sentido de amor mutuo y verdadero y su ordenación a la altísima vocación del hombre a la paternidad»[84]. Por lo tanto, si decimos que el significado unitivo es inseparable de la procreación, debemos decir al mismo tiempo que la búsqueda de la procreación es inseparable del significado unitivo, como aclaró posteriormente san Juan Pablo II: «La donación física total sería un engaño si no fuese signo y fruto de una donación en la que está presente toda la persona»[85].

San Juan Pablo II

71. San Juan Pablo II utiliza la referencia de Cristo «al principio» para introducir, en la reflexión sobre la relación esponsal, *la herme-*

---

[83] Cf *ib.*, n. 8: AAS 60 (1968), pp. 485-486.

[84] *Ib.*, n. 12: AAS 60 (1968), p. 489.

[85] S. JUAN PABLO II, Exhort. ap. *Familiaris consortio* (22 de noviembre de 1981), n. 11: AAS 74 (1982), p. 92.

néutica del don[86]. En la creación se revela la autodonación de Dios, y la creación misma constituye el don fundamental y originario. El ser humano es la única criatura que puede recibir el mundo creado como un don y que puede, al mismo tiempo, en cuanto imagen de Dios, hacer de su propia vida un don. Es en esta lógica donde el significado esponsal del cuerpo humano, en su masculinidad y feminidad, revela que el ser humano ha sido creado para donarse al otro y que solo en este *don de sí mismo* lleva a cabo el verdadero significado de su ser y de su existencia[87].

72. En este horizonte, en su exposición de la concepción cristiana de la monogamia, san Juan Pablo II sostiene el origen semítico y no occidental de sus fundamentos más profundos, afirmando que «resulta expresión de la relación interpersonal, es decir, de aquella en que cada una de las partes es reconocida por la otra como de igual valor y en la totalidad de su

---

[86] Cf ID., Catequesis (2 de enero de 1980): *Insegnamenti* III, 1 (1980), pp. 11-15; ID., Catequesis (9 de enero de 1980): *Insegnamenti* III, 1 (1980), 88-92; ID., Catequesis (16 de enero de 1980): *Insegnamenti* III, 1 (1980), pp. 148-152.

[87] Cf CONC. ECUM. VAT. II, Const. past. *Gaudium et spes* (7 de diciembre de 1965), n. 24: AAS 58 (1966), p. 1045.

persona. Esta concepción monógama y personalista de la pareja humana es una revelación absolutamente original que lleva el sello de Dios y merece que se ahonde en ella cada vez más»[88].

73. Sin embargo, el Santo Pontífice debe reconocer que «toda la tradición de la Antigua Alianza indica que en la conciencia de las generaciones que se sucedían en el pueblo elegido, a su *ethos* no fue añadida jamás la exigencia efectiva de la monogamia [...] No se entiende, en cambio, el adulterio como aparece desde el punto de vista de la monogamia establecida por el Creador»[89]. Por esta razón, se esfuerza por leer el Antiguo Testamento no desde un punto de vista normativo, sino teológico, y lo hace partiendo de dos pilares fundamentales. El primero es la voluntad de Cristo de volver al principio[90], al origen de la creación, cuando la pareja original era monógama, en el sentido de «dos en una sola carne»: «Dios

---

[88] S. JUAN PABLO II, Homilía durante la Misa para las familias en Kinshasa (3 de mayo de 1980), n. 2: AAS 72 (1980), p. 425.

[89] S. JUAN PABLO II, Catequesis (13 de agosto de 1980), nn. 3-4: *Insegnamenti* III, 2 (1980), pp. 398-399.

[90] Cf ID., Catequesis (20 de agosto de 1980): *Insegnamenti* III, 2 (1980), pp. 415-419.

hizo al hombre a su imagen creándolo hombre y mujer. He aquí lo que sorprende enseguida, antes que nada. Para asemejarse a Dios, la humanidad debe ser una pareja de dos personas que se mueven la una hacia la otra»[91]. El otro punto de referencia es la reflexión de los profetas sobre el amor exclusivo entre Dios y su pueblo, por lo que «denuncian frecuentemente el abandono del verdadero Dios Yahvé por parte del pueblo, al compararlo con el adulterio [...] El adulterio es pecado porque constituye *la ruptura de la alianza personal de hombre y de la mujer* [...] En muchos textos la monogamia aparece como la única y justa analogía del monoteísmo entendido en las categorías de la Alianza, es decir, de la fidelidad y de la entrega al único y verdadero Dios-Yahvé: Esposo de Israel. El adulterio es la antítesis de esa relación esponsalicia, es la antinomia del matrimonio»[92].

74. Siguiendo esta línea de pensamiento, san Juan Pablo II sostiene que esta unión no expresa la voluntad original de Dios sobre la

[91] ID., Homilía durante la Misa para las familias en Kinshasa (3 de mayo de 1980), n. 2: AAS 72 (1980), p. 425.

[92] ID., Catequesis (27 de agosto de 1980), nn. 1, 4: *Insegnamenti* III, 2 (1980), pp. 451, 453-454.

monogamia si la otra persona, *aunque la unión sea exclusiva*, se convierte únicamente en un objeto utilizado para apagar los propios deseos: «A la unión o "comunión" personal, a la que están llamados "desde el principio" el hombre y la mujer recíprocamente, no corresponde, sino más bien está en oposición la circunstancia eventual de que una de las dos personas exista solo como sujeto de satisfacción de la necesidad sexual y la otra se convierta exclusivamente en objeto de esta satisfacción. Además, no corresponde a esta unidad de "comunión" –más aún, se opone a ella– el caso de que ambos, el hombre y la mujer, existan mutuamente como objeto de la satisfacción de la necesidad sexual, y cada una, por su parte, sea solamente sujeto de esa satisfacción. Esta "reducción" de un contenido tan rico de la recíproca y perenne atracción de las personas humanas [...] extingue el significado personal y "de comunión", propio del hombre y de la mujer»[93].

75. El don del «Espíritu Santo infundido en la celebración sacramental ofrece a los esposos

---

[93] ID., Catequesis (24 de septiembre de 1980), n. 5: *Insegnamenti* III, 2 (1980), pp. 719-720.

cristianos el don de una comunión nueva de amor, que es imagen viva y real de la singularísima unidad que hace de la Iglesia el indivisible Cuerpo místico del Señor Jesús [...] impulso estimulante, a fin de que cada día progresen hacia una unión cada vez más rica entre ellos, a todos los niveles –del cuerpo, del carácter, del corazón, de la inteligencia y voluntad, del alma–»[94].

Benedicto XVI

76. Benedicto XVI retoma esta enseñanza cuando recuerda, refiriéndose también él al relato de la creación, que «el *eros* está como enraizado en la naturaleza misma del hombre; Adán se pone a buscar y "abandona a su padre y a su madre" para unirse a su mujer; solo ambos conjuntamente representan a la humanidad completa, se convierten en "una sola carne". No menor importancia reviste el segundo aspecto: en una perspectiva fundada en lacreación, el *eros* orienta al hombre hacia el matrimonio, un vínculo marcado por su

---

[94] Iᴅ., Exhort. ap. *Familiaris consortio* (22 de noviembre de 1981), n. 19: AAS 74 (1982), p. 102.

carácter único y definitivo; así, y solo así, se realiza su destino íntimo»[95].

77. Benedicto XVI también enseñó que el matrimonio no hace más que recoger y llevar a plenitud esa fuerza incontenible que es el amor, el cual, en su dinámica de exclusividad y definitividad, no quiere mortificar la libertad humana, sino que, por el contrario, abre la vida nada menos que a un horizonte de eternidad: «El desarrollo del amor hacia sus más altas cotas y su más íntima pureza conlleva el que ahora aspire a lo definitivo, y esto en un doble sentido: en cuanto implica exclusividad –solo esta persona–, y en el sentido del "para siempre"»[96].

Francisco

78. El papa Francisco nos ha regalado una reflexión original y arraigada en la experiencia concreta sobre los diversos aspectos de la unión exclusiva de los esposos en el cuarto

---

[95] Benedicto XVI, Carta enc. *Deus caritas est* (25 de diciembre de 2005), n. 11: AAS 98 (2006), p. 227.
[96] *Ib.*, n. 6: AAS 98 (2006), p. 222.

capítulo de la Exhortación apostólica *Amoris laetitia*, donde se puede encontrar una descripción detallada del amor conyugal en sus diversas manifestaciones, tomando como punto de partida 1Cor 13,4-7. En primer lugar, la paciencia, sin la cual «siempre tendremos excusas para responder con ira, y finalmente nos convertiremos en personas que no saben convivir, antisociales, incapaces de postergar los impulsos»[97]; luego, la benevolencia, el «hacer el bien», como «reacción dinámica y creativa ante los demás»[98] por lo tanto, la amabilidad, porque quien ha aprendido a amar «detesta hacer sufrir a los demás»[99] y «es capaz de decir palabras de aliento, que reconfortan, que fortalecen, que consuelan, que estimulan»[100]. El amor implica también un cierto «desapego de uno mismo», para entregarse gratuitamente hasta dar la vida[101]. En consecuencia, el amor es capaz de superar la violencia interior hacia los defectos ajenos, que «nos coloca a la defensiva ante los otros»

---

[97] Francisco, Exhort. ap. *Amoris laetitia* (19 de marzo de 2016), n. 92: AAS 108 (2016), p. 348.

[98] *Ib.*, n. 93: AAS 108 (2016), p. 348.

[99] *Ib.*, n. 99: AAS 108 (2016), p. 350.

[100] *Ib.*, n. 100: AAS 108 (2016), p. 351.

[101] Cf *ib.*, nn. 101-102: AAS 108 (2016), pp. 351-352.

y «termina aislándonos»[102]. A todo esto se suma el perdón, que «supone la experiencia de ser perdonados por Dios»[103], la capacidad de alegrarse con los demás, de modo que «alguien, que logra algo bueno en la vida, sabe que allí lo van a celebrar con él»[104]. Se suma también la confianza, porque el amor «deja en libertad, renuncia a controlarlo todo, a poseer, a dominar»[105]. Finalmente, el amor espera lo mejor para el otro, «siempre espera que sea posible una maduración, un sorpresivo brote de belleza, que las potencialidades más ocultas de su ser germinen algún día»[106].

79. El papa Francisco nos ayuda así a «encarnar» lo que es la «caridad conyugal». Al mismo tiempo, con sano realismo, advierte sobre el peligro de idealizar la unión matrimonial con deducciones inadecuadas, como si los misterios teológicos debieran encontrar una correspondencia perfecta en la vida de pareja y esta última debiera ser perfecta en todas las circunstancias. En realidad, esto

---

[102] *Ib.*, n. 103: AAS 108 (2016), p. 352.
[103] *Ib.*, n. 108: AAS 108 (2016), p. 354.
[104] *Ib.*, n. 110: AAS 108 (2016), p. 354.
[105] *Ib.*, n. 115: AAS 108 (2016), p. 356.
[106] *Ib.*, n. 116: AAS 108 (2016), p. 356.

crearía un constante sentimiento de culpa en los cónyuges más frágiles, que luchan y hacen todo lo posible por mantener su unión: «No conviene confundir planos diferentes: no hay que arrojar sobre dos personas limitadas el tremendo peso de tener que reproducir de manera perfecta la unión que existe entre Cristo y su Iglesia, porque el matrimonio como signo implica "un proceso dinámico, que avanza gradualmente con la progresiva integración de los dones de Dios"»[107]. En cambio, es necesario valorar positivamente todos los esfuerzos, los momentos dolorosos, los retos que han sorprendido y desestabilizado a los cónyuges, los cambios de la persona amada, e incluso las derrotas superadas, como parte de un camino en el que el Espíritu Santo obra como quiere, porque así, «después de haber sufrido y luchado juntos, los cónyuges pueden experimentar que valió la pena, porque consiguieron algo bueno, aprendieron algo juntos, o porque pueden valorar más lo que tienen. Pocas alegrías humanas son tan hondas y festivas como cuando dos personas

---

[107] *Ib.*, n. 122: AAS 108 (2016), p. 359; que cita S. Juan Pablo II, Exhort. ap. *Familiaris consortio* (22 de noviembre de 1981), 9: AAS 74 (1982), p. 90.

que se aman han conquistado juntos algo que les costó un gran esfuerzo compartido»[108].

León XIV

80. Entre las primeras intervenciones del papa León XIV, en referencia al tema de esta *Nota*, se puede tomar en consideración lo que expresa en el mensaje para la conmemoración del décimo aniversario de la canonización de los esposos Luis y Zélie Martin, padres de santa Teresa del Niño Jesús. En esa ocasión, el Santo Padre se refiere al «modelo de pareja que la Santa Iglesia presenta a los jóvenes» como «una aventura tan hermosa: un modelo de fidelidad y atención al otro, un modelo de fervor y perseverancia en la fe, de educación cristiana de los hijos, de generosidad en el ejercicio de la caridad y la justicia social; un modelo también de confianza en la prueba»[109].

---

[108] Francisco, Exhort. ap. *Amoris laetitia* (19 de marzo de 2016), n. 130: AAS 108 (2016), p. 362.
[109] Cf León XIV, Mensaje con motivo del décimo aniversario de la canonización de los padres de Santa Teresa del Niño Jesús (18 de octubre de 2025): *L'Osservatore Romano* (18 de octubre de 2025), p. 5.

81. En verdad, el mismo lema del papa León XIV, *«In illo uno, unum»* («En el único Cristo somos uno»), tomado de un pasaje de san Agustín[110], podría aplicarse a la vida de pareja, sugiriendo que «ser una sola cosa» es posible y plenamente realizable solo en Dios. En este sentido, la unidad matrimonial encuentra su fundamento y su plenitud en la relación con Dios. Con motivo del Jubileo de las familias, los abuelos y los ancianos, el papa León XIV, dirigiéndose directamente a los esposos, reiteró que «el matrimonio no es un ideal, sino el canon del verdadero amor entre el hombre y la mujer: amor total, fiel, fecundo [...] Al tiempo que os transforma en una sola carne, este mismo amor os hace capaces, a imagen de Dios, de dar la vida»[111].

*

82. El *Código de Derecho Canónico* se refiere a «la alianza matrimonial, por la que el varón

---

[110] Cf S. Agustín, *Enarrationes in Psalmos* 127, 3: PL 37, 1679: «Non ille unus et nos multi, sed et nos multi in illo uno unum».

[111] León XIV, Homilía para la Misa del Jubileo de las familias, los abuelos y los ancianos (1 de junio de 2025): *L'Osservatore Romano* (2 de junio de 2025), p. 2; que cita a S. Pablo VI, Carta enc. *Humanae vitae* 25 de julio de 1968, n. 9: AAS 60 (1968), pp. 486-487.

y la mujer constituyen entre sí un *consorcio de toda la vida*, ordenado por su misma índole natural al bien de los cónyuges y a la generación y educación de la prole», y recuerda que «fue elevada por Cristo Señor a la dignidad de sacramento entre bautizados»[112].

83. Por último, en su visión sintética, el *Catecismo de la Iglesia católica* afirma que «la *poligamia* es contraria a esta igual dignidad de uno y otro y al amor conyugal que es único y exclusivo»[113]. Además, «el amor conyugal exige de los esposos, por su misma naturaleza, una fidelidad inviolable. Esto es consecuencia del don de sí mismos que se hacen mutuamente los esposos»[114]. Por este motivo, «el adulterio es una injusticia. El que lo comete falta a sus compromisos. Lesiona el signo de la Alianza que es el vínculo matrimonial. Quebranta el derecho del otro cónyuge y atenta contra la institución del matrimonio, violando el contrato que le da origen. Compromete el bien de la generación humana y de los hijos, que necesi-

---

[112] Can. 1055, § 1 CIC (cursiva añadida). Cf can. 776, § 1-2 CCEO.
[113] *Catecismo de la Iglesia católica*, n. 1645.
[114] *Ib.*, n. 1646.

tan la unión estable de los padres»[115]. Esto no excluye que se pueda comprender «el drama del que, deseoso de convertirse al Evangelio, se ve obligado a repudiar una o varias mujeres con las que ha compartido años de vida conyugal. Sin embargo, la *poligamia* no se ajusta a la ley moral, pues contradice radicalmente la comunión conyugal»[116].

---

[115] *Ib.*, n. 2381.
[116] *Ib.*, n. 2387.

IV

Algunas perspectivas
desde la filosofía y las culturas

En el pensamiento cristiano clásico

84. En santo Tomás de Aquino podemos encontrar un pensamiento filosófico cristiano, que se ha convertido en clásico, sobre los fundamentos de la monogamia. En el Libro tercero de *la Summa contra Gentiles*, su concepción aparece sobre todo desde el punto de vista filosófico, con razonamientos extraídos de la teología natural y de sus conocimientos de la biología de la época. La relación esponsal se presenta así como un vínculo de orden natural, una «sociedad del hombre (y) de la mujer»[117] o una forma de «vínculo social (*socialis coniunctio)*»[118], inscrita en la naturaleza humana que une al hombre y a la mujer.

---

[117] STO. TOMÁS DE AQUINO, *Summa contra Gentiles*, III, c. 123, n. 4.
[118] Cf ID., *Summa Theologiae*, I, q. 92, a. 3, resp.; cf ID., *Summa contra Gentiles*, III, c. 123, n. 4.

85. Santo Tomás sostiene que la monogamia deriva esencialmente del instinto natural, ya que está inscrita en la naturaleza de cada ser humano; este ámbito prescinde de las exigencias de la fe. De hecho, «el hombre [...], desea por naturaleza estar seguro de su descendencia, certeza que se vería totalmente eliminada si varios hombres tuvieran una sola mujer. Por lo tanto, deriva del instinto natural que haya una sola mujer para un solo hombre»[119]. Esta unión, que consolida el equilibrio recíproco entre el hombre y la mujer, se rige por «una equidad natural». Por lo tanto, no hay lugar ni para ninguna forma de poliandria ni para la poligamia, que, por otra parte, él define como una forma de esclavitud: «Es evidente, además, que la disolución de la sociedad mencionada es incompatible con la equidad [...] Por lo tanto, si alguien, al tomar una mujer en su juventud, cuando es bella y fértil, pudiera abandonarla más tarde, cuando haya envejecido, cometería una injusticia contra la mujer, contra la equidad natural [...] Por otra parte, si el hombre pudiera abandonar a su esposa, no habría entre el varón y la mujer una so-

---

[119] ID., *Summa contra Gentiles*, III, c. 124, n. 1.

ciedad entre iguales, sino una esclavitud por parte de la mujer»[120].

86. Además, la equidad en el amor establece una igualdad sustancial entre los esposos, es decir, una igualdad fundamental entre el varón y la mujer: «La amistad consiste en una cierta igualdad. Por lo tanto, si a la mujer no se le permitiera tener más maridos, para no comprometer la certeza de la descendencia, mientras que al marido se le permitiera tener más esposas, la amistad entre el hombre y la mujer no sería liberal, sino casi servil. Y el argumento se ve corroborado por la experiencia: entre los hombres que tienen varias esposas, estas son tratadas casi como esclavas. «No es posible una amistad intensa con muchas personas», como explica el filósofo. Por lo tanto, si la esposa tuviera un solo marido, pero el marido tuviera varias esposas, la amistad no sería igual por ambas partes»[121].

87. La fidelidad matrimonial tiene, por lo tanto, como fundamento ese máximo grado

---

[120] *Ib.*, c. 123, nn. 3-4.
[121] *Ib.*, c. 124, nn. 3-5; que cita ARISTÓTELES, *Etica Nicomachea*, VIII, c. 5, n. 5; *Ib.*, VIII, c. 6, n. 2.

de amistad que se establece entre el hombre y la mujer. Esta amistad en su grado más alto (*maxima amicitia*), como amor de benevolencia (*amor benevolentiae*), diferente del mero amor de concupiscencia (*amor concupiscentiae*), que se orienta más bien hacia el propio beneficio, empuja a un intercambio íntimo y total entre iguales, en el que cada miembro de la pareja se entrega sin reservas, buscando el bien del otro: «Cuanto mayor es la amistad, más firme y duradera es. Ahora bien, entre marido y mujer existe una amistad máxima (*maxima amicitia*), ya que se unen no solo por la cópula carnal, que incluso entre los animales establece una cierta sociedad agradable, sino por *la comunión de toda la vida doméstica;* de modo que, para expresar esto, el hombre por su mujer "deja a su padre y a su madre", como se dice en el Génesis (2,24)»[122].

Comunión de dos personas

88. En el siglo XX, algunos filósofos cristianos subrayan una visión del matrimonio como

---

[122] STO. TOMÁS DE AQUINO, *Summa contra Gentiles*, III, c. 123, n. 6 (cursiva añadida).

unión entre personas o comunión de vida. En el contexto del pensamiento tomista clásico, Antonin-Dalmace Sertillanges presenta el matrimonio como la unión *de dos personas*, que nunca puede entenderse como una especie de fusión o destrucción de uno mismo para constituir una unidad superior, ni como un mero medio de procreación para el bien de la especie: «El hombre, que es una persona, es decir, un *fin en sí mismo*, según el lenguaje de los filósofos; el hombre que vale independientemente de la especie, a la espera de que valga para ella, buscará en sus uniones, junto con el bien de la especie, también su propio bien. Por lo tanto, si el hombre y la mujer fundan una vida cimentada en el amor, esta vida se desarrollará en dos centros como una elipse con dos focos [...], sin que nadie sea sacrificado»[123].

89. En coherencia con este pensamiento, Sertillanges muestra que en el matrimonio incluso la búsqueda del bien para uno mismo constituye una forma de tomar en serio a la otra persona, abriéndole la posibilidad de ser fecunda gracias a su cónyuge: «Es mejor dar

---

[123] A.-D. SERTILLANGES, *L'amour chrétien*, Gabalda, París 1918³, pp. 163-164.

que recibir, decía yo; pero también recibir es dar. Recibe, oh, corazón mío, para que el amigo encuentre en ti el testimonio de lo que él da. Sé feliz, para que el amigo pueda decir: ¡Entonces, yo soy felicidad!»[124]. De este modo, «aquí [en la unión conyugal], las dos vidas se enriquecen aún más, ya que su alianza está destinada a estrecharse y sus aportaciones, aunque diferentes, están llamadas a completarse»[125], porque «este amor que hace que dos personas unidas sean lo que cada una de ellas, por sí sola, no podía ser, es el enriquecimiento natural más decisivo»[126]. De este modo, la comunión matrimonial implica una «doble preferencia cruzada que es el más fuerte de los vínculos, que hace que cada uno de los dos sea al mismo tiempo el más amante y el más amado, y hace que cada uno obtenga lo que le corresponde mientras se lo procura al otro; la felicidad para dos»[127].

---

[124] *Ib.*, p. 147.
[125] *Ib.*, p. 172.
[126] *Ib.*, p. 173.
[127] *Ib.*, p. 176.

Una persona totalmente referida a otra

90. Llegados a este punto, conviene relacionar a tres autores que han profundizado cada vez más en una línea de pensamiento sobre la unidad matrimonial. El primero es Søren Kierkegaard. Él cree que la persona se realiza a sí misma cuando es capaz de salir de sí misma, haciendo así posible el amor y la unión: «El amor es abandono, pero el abandono solo es posible gracias al hecho de que yo salga de mí mismo»[128], aceptando el riesgo y la imprevisibilidad. Solo así es posible la decisión de pertenecer plenamente a una sola persona, con todos los riesgos que esta decisión pueda conllevar: «Se necesita un paso decisivo y, por lo tanto, se necesita valor y, sin embargo, el amor matrimonial se precipita en la nada cuando esto no ocurre, porque solo gracias a ello se demuestra que no se ama a uno mismo, sino al otro. ¿Y cómo se puede demostrar si no es gracias al hecho de que se es solo para el otro?»[129]. En consecuencia, sostiene el filósofo danés, «se ha

---

[128] S. KIERKEGAARD, «Validità estetica del matrimonio», en *Enten-Eller. Un frammento di vita,* IV, trad. de A. Cortese, Piccola Biblioteca Adelphi 120, Milán 1981⁴, 154. (N. B. de Enten-Eller, II en el texto original danés).

[129] *Ib.,* pp. 153-154.

dado cuenta de la afrenta, y por lo tanto de lo desagradable que es querer amar con una parte del alma pero no con toda, reducir el propio amor a un momento, y sin embargo tomar todo el amor de otra persona»[130].

91. Así, encontramos el fundamento de la monogamia precisamente en la idea de persona, que permite al mismo tiempo comprender el sentido de la propia existencia y amar la del cónyuge. La llamada interior a abandonarse a uno mismo ante el otro se convierte así en el fundamento de «amar solo a uno»[131]. Lo confirma el propio Kierkegaard cuando reconoce que, si existe un amor verdadero que nos hace salir de nosotros mismos hacia el otro, «los amantes están íntimamente convencidos de que su relación es un todo perfecto en sí mismo»[132]. Reconoce también que esta realidad significa para los cónyuges una llamada a «transformar el instante del placer en una pequeña eternidad»[133]. Esto implica enton-

---

[130] S. Kierkegaard, «L'equilibrio fra l'estetico e l'etico nell'elaborazione della personalità», en *Enten-Eller. Un frammento di vita* V, trad. de A. Cortese, Piccola Biblioteca Adelphi 232, Adelphi, Milán 1989, p. 207. (N. B. de Enten-Eller, II, en el texto original danés).

[131] S. Kierkegaard, «Validità estetica del matrimonio», *o.c.*, p. 92.

[132] *Ib.*, p. 39.

[133] *Ib.*, p. 40.

ces la acción de la voluntad espiritual, pero sobre todo la referencia a Dios, sin separar el matrimonio –entendido en su componente de placer y sexualidad– del amor de Dios: «los amantes refieren su amor a Dios», que efectivamente «le dará una impronta absoluta de eternidad»[134].

92. De estas fuentes se nutre también el personalismo de Emmanuel Mounier, que parte del «valor absoluto de la persona humana»[135], cuya realización plena solo puede tener lugar en el donarse, en un proceso que transfigura todas las tensiones de la personalidad[136]. Por el contrario, «constituida en sociedad cerrada, la familia se hace a imagen del individuo que le propuso el mundo burgués»[137], y de este modo constituye solo la suma de dos particularismos, no una unión. Si se comprende su verdadera naturaleza, «los individuos deben sacrificar su particularismo [...] Es una aventura que hay que recorrer, un compromiso que hay que

---

[134] *Ib.*, p. 86.
[135] E. MOUNIER, *Manifesto al servizio del personalismo comunitario*, trad. de A. p. (Ed. esp.: Manifiesto al servicio del *personalismo comunitario*, Taurus, Madrid 1986).
[136] Cf *ib.*, p. 82.
[137] *Ib.*, p. 130.

fecundar»[138]. *Pero es a condición de tender hacia ella con todo su esfuerzo.* Esta unión totalizadora es entre dos y no admite rivales.

93. Jean Lacroix, también partidario del personalismo, se inspira más directamente en Kierkegaard y expresa ideas similares bajo la figura del *reconocimiento mutuo* de las dos personas *(s'avouer l'un à l'autre)*, que las abre a la comunión con todos: «En el momento en que se reconocen mutuamente, los esposos se reconocen al mismo tiempo ante una realidad superior que los trasciende [...] La familia, de hecho, puede ser sin duda el lugar, la fuente y el origen de toda sociabilidad [...] Por lo tanto, será el análisis mismo del reconocimiento lo que nos permitirá discernir lo que es auténtico y lo que es ilusorio en la concepción de la familia entendida como célula primaria de lo social»[139]. El reconocimiento del otro es «el acto humano que asume plenamente el carácter de intimidad y el carácter de sociabilidad», y de este modo responde al deseo trascendental del amor en su sentido más rico[140]. Pero

---

[138] *Ib.,* p. 131.
[139] J. LACROIX, *Force et faiblesses de la famille,* Seuil, París 1948, p. 56.
[140] *Ib.,* p. 54.

se trata de reconocer al otro «en cuanto otro»[141]. De este modo, la tendencia a luchar contra el otro «se transforma en reconocimiento mutuo»[142]. En este horizonte, se comprende que el fundamento del matrimonio, «que es esencialmente amor, no puede ser otro que el reconocimiento integral: reconocimiento del cuerpo, reconocimiento del alma, reconocimiento total de este espíritu encarnado que es el hombre concreto»[143]. Por lo tanto, la monogamia surge claramente de la afirmación de que el matrimonio entre un hombre y una mujer es una «unidad superior» a cualquier otra en esta tierra: «El ser familiar es la mayor realización de la unidad humana»[144].

Cara a cara

94. El filósofo francés Emmanuel Lévinas, con su reflexión sobre el rostro del otro, se propone descubrir la relación personal siempre como un «cara a cara». Gracias al rostro, que siempre impone su reconocimiento, la interioridad

[141] *Ib.*, p. 58.
[142] *Ib.*
[143] *Ib.*, pp. 61-62.
[144] *Ib.*, p. 55.

personal se vuelve comunicable y exige el descubrimiento siempre nuevo del otro[145]. El deseo sexual, cuando se mueve dentro de esta dinámica del rostro del otro, puede mantener adecuadamente unidas la sensibilidad y la trascendencia, la afirmación de sí mismo y el reconocimiento de la alteridad. En este cara a cara, la caricia actúa como expresión del amor que busca la unión admirando, respetando y preservando la alteridad: «No es una intencionalidad de develamiento, sino de búsqueda: marcha hacia lo invisible»[146]. El pensamiento de Lévinas puede ser una vía fecunda para profundizar en el significado del matrimonio como unión exclusiva: un cara a cara que solo es posible entre dos y que, cuando se realiza plenamente, reivindica para sí la pertenencia recíproca exclusiva, incomunicable e intransferible fuera de ese «nosotros dos».

95. La poligamia, el adulterio o el poliamor se basan en la ilusión de que la intensidad de la relación puede encontrarse en la sucesión de rostros. Como ilustra el mito de Don Juan, el

[145] Cf E. Lévinas, *Totalidad e infinito. Ensayo sobre la exterioridad*, trad. de D. E. Guillot, Colección Hermeneia 8, Sígueme, Salamanca 2002, pp. 201-261.
[146] *Ib.*, p. 265.

número disuelve el nombre: dispersa la unidad del impulso amoroso. Si Lévinas ha demostrado que el rostro del otro convoca a una responsabilidad infinita, única e irreductible, multiplicar los rostros en una supuesta unión total significa fragmentar el sentido del amor matrimonial.

El pensamiento de Karol Wojtyła

96. Detrás de las conocidas catequesis sobre el amor ofrecidas por san Juan Pablo II como Pontífice, podemos encontrar la reflexión filosófica realizada por el joven obispo Karol Wojtyła. Se trata de una reflexión que ayuda a comprender en profundidad el sentido de la unión única y exclusiva del matrimonio.

97. El joven pensador polaco se toma muy en serio el tema objeto de la presente *Nota*. Explica que el matrimonio posee «una estructura interpersonal: es una unión y una comunidad de dos personas»[147]. Este es «su carácter esencial», «la razón de ser interior y esencial del

---

[147] K. WOJTYŁA, *Amore e responsabilità*, trad. de A. Milanoli, Marietti, Génova-Milán 1980, p. 161.

matrimonio», que es «sobre todo constituir una unión de dos personas». Este es su «valor integral», que permanece incluso más allá de la procreación[148].

98. En la base de todo su pensamiento se encuentra lo que él mismo denomina el «principio personalista», que exige «tratar a la persona de manera acorde con su ser» y no «como un objeto de placer, al servicio de otra persona»[149], como ocurre en la poligamia. Ser persona implica necesariamente que «nunca puede ser para otra persona un objeto de placer utilitario, sino solo un objeto (más exactamente, un co-sujeto) de amor»[150], porque «no puede ser tratada como un objeto de uso, es decir, como un medio»[151].

99. El pensamiento de Wojtyła permite comprender por qué solo la monogamia garantiza que la sexualidad se desarrolle en un marco de reconocimiento del otro como sujeto con el que se comparte íntegramente la vida, sujeto que es un fin en sí mismo y nunca un medio

---

[148] Cf *ib.*
[149] *Ib.*, p. 155.
[150] *Ib.*
[151] *Ib.*, p. 29.

para satisfacer las propias necesidades. La unión sexual, que involucra a toda la persona, solo puede tratar al otro como persona, es decir, como co-sujeto de amor y no objeto de uso, si se desarrolla en el marco de una pertenencia única y exclusiva. En este caso, solo *dos* personas pueden ser quienes se donen, a sí mismos, plena y completamente al otro. En cualquier otro caso, se trataría de un don parcial de uno mismo, porque dicho don debe dejar espacio a otros y, en consecuencia, todos serían tratados como medios y no como personas. Por estas razones, concluye que «la monogamia estricta es una manifestación del orden personalista»[152].

100. En la misma obra, Karol Wojtyła amplía la reflexión sobre la monogamia con un desarrollo original sobre la finalidad unificadora de la sexualidad, que se convierte en una expresión y maduración de ese dato objetivo que es la unidad matrimonial como propiedad esencial del matrimonio. Por esta razón, niega enérgicamente la tesis rigorista –que considera propia de visiones «maniqueas» o «ultra espiritualistas»– según la cual «el Creador se

---

[152] *Ib.*, p. 159.

sirve del varón y de la mujer, así como de sus relaciones sexuales, para asegurar la existencia de la especie *homo*. Así, utiliza a las personas como medios»[153]. Solo en este contexto, para esta mentalidad, el placer sexual se volvería tolerable. Wojtyła sostiene que «no es en absoluto incompatible con la dignidad objetiva de las personas el hecho de que su amor conyugal implique un "placer" sexual [...] Existe una alegría conforme a la naturaleza de la tendencia sexual y, al mismo tiempo, a la dignidad de las personas; en el vasto campo del amor entre el hombre y la mujer, brota de la acción común, de la comprensión mutua, de la armoniosa realización de los fines elegidos juntos. Esta alegría, este *placer*, puede provenir tanto del placer multiforme creado por la diferencia de los sexos como de la voluptuosidad sexual que ofrecen las relaciones conyugales [...], siempre que su amor se desarrolle normalmente a partir del impulso sexual»[154].

101. En su esfuerzo por evitar el rigorismo extremo, que en última instancia excluye la finalidad unificadora de la sexualidad en el

[153] *Ib.*, p. 43.
[154] *Ib.*, p. 44.

matrimonio, Wojtyła explica que se puede amar verdaderamente al otro como persona y al mismo tiempo desearlo plenamente. Estas dos cosas «difieren entre sí, pero no hasta el punto de excluirse mutuamente», porque «una persona puede desear a otra como un bien para sí misma, pero al mismo tiempo puede desear el bien para ella, independientemente de que sea también un bien para sí misma»[155]. Al reconocer la integridad de la persona y sus necesidades, también hay que admitir que el amor recíproco requiere muchas otras expresiones, no solo la sexualidad: si «lo que las dos personas aportan al amor es únicamente, o sobre todo, la concupiscencia en busca del goce y del placer, entonces la reciprocidad se verá privada de aquellas características»[156] que ofrecen estabilidad al matrimonio (el amor virtuoso, la confianza, los dones desinteresados, etc.).

Más allá

102. El matrimonio de Jacques y Raïssa Maritain aparece como un caso especial de co-

[155] *Ib.*, p. 62.
[156] *Ib.*, p. 63.

munión intelectual, cultural y espiritual, que no puede presentarse como el único modelo, ya que las formas de unión conyugal son tan diversas como las personas. Sin embargo, su caso especial tiene mucho que decir. Dada la maravillosa experiencia de compartir con Raïssa una búsqueda interior de la verdad y, sobre todo, de Dios, Jacques relativiza –sin excluirla– la importancia del deseo, la pasión y la sexualidad: «La verdad es esta, en mi opinión: en primer lugar, el amor como deseo o pasión, y el amor romántico –o al menos un elemento del mismo– deberían, en la medida de lo posible, estar presentes en el matrimonio como un primer incentivo, como punto de partida [...] En segundo lugar, el matrimonio, lejos de tener como objetivo principal llevar a la perfección el amor romántico, tiene que realizar en los corazones humanos una obra muy diferente: una operación de alquimia infinitamente más profunda y misteriosa»[157]. Le fascina «un amor verdaderamente desinteresado, que no excluye el sexo, se entiende, pero que se vuelve cada vez más independiente del sexo»[158]. No se re-

---

[157] J. Maritain, *Riflessioni sull'America,* tr. A. Barbieri, en *Opere di Jacques Maritain* I, Morcelliana, Brescia 2022³, p. 109.
[158] *Ib.*

fiere, en un sentido gnóstico o jansenista, a un amor espiritual completamente desconectado de la corporeidad o de las realidades terrenales, porque tal interpretación sería contraria a su pensamiento antropológico, sino precisamente al ideal de «una completa e irrevocable donación del uno al otro, por amor al otro. Así es como el matrimonio puede ser una auténtica comunidad de amor entre un hombre y una mujer: algo construido no sobre arena, sino sobre roca»[159]. Este ideal de pleno don de sí al cónyuge implica «la ardua disciplina del autosacrificio y, a fuerza de renuncias y purificaciones [...] En otras palabras, cada uno puede entonces dedicarse realmente al bien y a la salvación del otro»[160]. En este contexto, subraya la necesidad constante del perdón: «preparado y dispuesto, como debe estarlo un ángel de la guarda, a perdonar mucho al otro: de hecho, la ley evangélica del perdón mutuo expresa bien, me parece, una exigencia fundamental»[161].

103. La mirada filosófica de Maritain se muestra en este texto completamente transfigurada

---

[159] *Ib.*, p. 110.
[160] *Ib.*
[161] *Ib.*

por una visión sobrenatural, donde el poder del amor teologal empuja completamente a la persona que ama fuera de sí misma, en busca del bien del otro, hasta la plenitud de este bien del amado que consiste en su salvación, es decir, en su unión total con Dios. Esta visión profundamente espiritual de Maritain parece excluir un tratamiento filosófico completo del amor matrimonial que podemos encontrar en otros autores, pero tiene el gran mérito de guiar nuestra reflexión sobre el amor monógamo en un ascenso hacia los valores más elevados, donde tal amor madura en un sentido oblativo, que en el matrimonio toma la forma de *una unión radical*. Esta admirable unión se manifiesta en la preocupación sincera y constante por el bien del otro como movimiento sobrenatural, y en la búsqueda tierna y generosa de la realización plena y total de la persona amada en el amor salvífico de Dios.

104. En cualquier caso, en un texto posterior se aprecia una mayor precisión filosófica. Se trata de las anotaciones que Maritain desarrolla a partir del *Diario* de su esposa, publicado tras la muerte de esta. Son anotaciones completadas por el propio Maritain y

publicadas por separado[162]. Ya en las primeras páginas vuelve a aparecer el tema de ese
amor tan especial que alcanza niveles muy
altos de generosidad y desinterés. El filósofo
francés lo llama «el amor loco»[163], porque es
un amor «considerado en su forma extrema
y completamente absoluta»[164], caracterizado
«por el poder que tiene de alienar el alma de
sí misma»[165]. Pero la novedad es que, en este
comentario al *Diario* de Raïssa, da un paso
decisivo: integra positivamente la sexualidad
también en el contexto de ese amor perfec-
tísimo. Partiendo de la naturaleza humana,
compuesta de espíritu y cuerpo, y de la característica totalizadora del amor matrimonial, él
llega a afirmar: «Una persona humana puede
entregarse a otra o extasiarse en otra hasta el
punto de hacer de ella su Todo, solo si le da, o
está dispuesta a darle, *su cuerpo*, al tiempo que
le da su alma»[166]. En este amor supremo entre
dos seres humanos, la unidad matrimonial encuentra su expresión terrenal más preciosa.

---

[162] Cf J. MARITAIN, *Amore e amicizia*, Morcelliana, Brescia 1964,
1987[8].
[163] *Ib.*, passim.
[164] *Ib.*, p. 14.
[165] *Ib.*, p. 15.
[166] *Ib.*, p. 18 (cursiva añadida).

Otras perspectivas

105. Aquí resulta útil tener presente también una mirada hacia el Oriente no cristiano. Nos detenemos, a modo de ejemplo, en las tradiciones de la India. En esa región, a pesar de que la monogamia ha sido habitualmente la norma y se ha considerado un ideal en la vida matrimonial, a lo largo de los siglos la poligamia ha seguido estando presente. En cualquier caso, uno de los textos más antiguos extraídos de las escrituras hindúes, el *Manusmṛti*, afirma lo siguiente: «Que la fidelidad mutua continúe hasta la muerte, esto puede considerarse como el resumen de la ley suprema para el marido y la mujer. Que el hombre y la mujer, unidos en matrimonio, se esfuercen constantemente, que [no estén] desunidos [y] no violen su fidelidad mutua»[167]. Un texto importante que se cita a menudo para defender la monogamia es el *Śrīmad Bhāgavatam* o *Bhāgavata Purāna*, en el que se lee: «Rāmachandra hizo voto de aceptar una sola esposa y no tener ningún vínculo con otras mujeres. Era un rey santo, y todo en su carácter era bueno, sin

---

[167] *Manusmṛti*, libro 9, versículos 101-102.

estar contaminado por cualidades como la ira»[168]. Cuando Rāvana secuestra a su esposa Sītā, Rāmachandra, que podría haber tomado a cualquier otra mujer como esposa, no toma a ninguna. Además, el énfasis puesto en la castidad de la esposa en *el Thirukkural* (una colección clásica de aforismos en lengua tamil) indica la importancia de la fidelidad total: «¿Qué tesoro es más precioso que una mujer que posee la estabilidad de la castidad? [...] Aquella que vela incesantemente por protegerse a sí misma, cuida de su marido y del buen nombre de su familia, dadle el nombre de "mujer"»[169].

106. En relación con la reflexión filosófica y cultural realizada hasta ahora, conviene prestar atención también al tema de la educación. Porque nuestra época conoce diversas derivas en lo que respecta al amor: multiplicación de los divorcios, fragilidad de las uniones, banalización del adulterio, promoción del poliamor. Frente a todo ello, hay que reconocer también que las grandes narraciones colectivas (novelas, películas, canciones) siguen exaltando el

---

[168] *Śrīmad Bhāgavatam*, canto IX, capítulo 10, versículo 54.
[169] *Thirukkural*, estrofas 54 y 56.

mito del «gran amor» único y exclusivo. La paradoja es evidente: las prácticas sociales socavan lo que celebra el imaginario. Esto revela que el deseo de un amor monógamo permanece inscrito en lo más profundo del ser humano, incluso cuando los comportamientos parecen desmentirlo.

107. ¿Cómo preservar, entonces, la posibilidad de un amor fiel y monógamo? La respuesta se encuentra en la educación. No basta con denunciar los fracasos; partiendo de los valores que aún conserva el imaginario popular, es necesario preparar a las generaciones para que acojan la experiencia amorosa como un misterio antropológico. El universo de *las redes sociales*, donde la modestia se desvanece y proliferan las violencias simbólicas y sexuales, muestra la urgencia de una nueva pedagogía. El amor no puede reducirse a una pulsión: siempre convoca la responsabilidad y la capacidad de esperanza de toda la persona. El noviazgo, entendido en su sentido tradicional, encarna este tiempo de prueba y maduración, en el que el otro es acogido como promesa de infinito. Así, la educación en la monogamia no constituye una coacción moral, sino una inicia-

ción a la grandeza de un amor que trasciende la inmediatez. Orienta la energía erótica hacia una sabiduría de la duración y hacia una apertura a lo divino. La monogamia no es arcaísmo, sino profecía: revela que el amor humano, vivido en su plenitud, anticipa de algún modo el misterio mismo de Dios.

V

La palabra poética

108. En cuanto a la palabra de los poetas, el papa Francisco afirma que «la palabra literaria es como una espina en el corazón que mueve a la contemplación y pone en camino. La poesía es abierta, te lanza a otro lugar»[170]. Y añade: «El artista es el hombre que mira con los ojos y al mismo tiempo sueña, ve más profundamente, profetiza, anuncia una forma diferente de ver y comprender las cosas que tenemos ante nuestros ojos. De hecho, la poesía no habla de la realidad a partir de principios abstractos, sino escuchando la realidad misma»[171]. Dadas estas premisas, no es posible dejar de hacer referencia a la palabra poética para comprender mejor ese misterio de amor de dos personas que se unen y se pertenecen recíprocamente.

---

[170] Francisco, «Lettera ai poeti», en A. Spadaro (ed.), *Viva la poesia!*, Ares, Roma 2025, p. 178.
[171] *Ib.*, pp. 178-179.

109. Es útil señalar que muchos poetas han tratado de expresar la belleza de esta unión única y exclusiva. Reconocer ahora la fuerza de su poesía no implica, por supuesto, sostener que su vida haya sido perfecta o que siempre hayan sido fieles en el amor. En cualquier caso, parece evidente que, cuando encontraron el amor y decidieron pertenecer exclusivamente a otra persona, o cuando percibieron el valor de una unión exclusiva, estos poetas necesitaron expresarlo a través de su arte, casi como para indicar que se trata de algo que va más allá de la satisfacción sexual, la realización de una necesidad personal o una aventura superficial. Se pueden considerar algunos ejemplos:

Dimos vueltas y vueltas,
hasta que volvimos a casa otra vez,
nosotros dos[172].

Ninguna más, amor, dormirá con mis sueños.
Irás, iremos juntos por las aguas del tiempo...[173].

[172] W. WHITMAN, «We Two—How Long We Were Fool'd», en ID., *Leaves of Grass*, Nueva York 1867, p. 114: «We have circled and circled till we have arrived home again—we two have».
[173] P. NERUDA, «Soneto LXXXI», en ID., *Veinte poemas de amor y una canción desesperada. Cien sonetos de amor*, Colección Biblioteca Premios Nobel 2, Altaya, Barcelona 1995, p. 203.

110. En estos versos se percibe que, en un camino de respeto y libertad, el tiempo consagra la elección recíproca, refuerza el vínculo, profundiza la satisfacción de pertenecer el uno al otro, enriquece ese «nosotros» que llega a percibirse como indestructible. En el contexto de esta unión, cada uno de los dos sabe que, al igual que ha dado algo de sí mismo al otro, también ha recibido mucho de su amado:

He bajado millones de escaleras dándote mi brazo
no porque con cuatro ojos quizá se vea más.
Las he bajado contigo porque sabía que
de nosotros dos
las únicas pupilas verdaderas, aunque muy nubladas,
eran las tuyas[174].

Te doy a mí misma,
mis noches de insomnio,
los largos sorbos
de cielo y estrellas – bebidos
en las montañas,
la brisa de los mares recorridos
hacia amaneceres lejanos [...]
Y tú acoge mi asombro
de criatura,

---

[174] E. MONTALE, «Ho sceso, dandoti il braccio, almeno un milione di scale», en *Satura (1962-1970)*, Mondadori, Milán 1971, 37: «Ho sceso milioni di scale dandoti il braccio / non già perché con quattr'occhi forse si vede di più. / Con te le ho scese perché sapevo che / di noi due / le sole vere pupille, sebbene tanto offuscate, / erano le tue».

mi temblor de tallo
vivo en el círculo
de los horizontes,
doblado al viento
limpio – de la belleza:
y tú deja que mire estos ojos
que Dios te ha dado,
tan densos de cielo
–profundos como siglos de luz
sumergidos más allá
de las cimas–[175].

111. La relación se considera insustituible, de tal manera que, cuando el poeta quiere re-encontrar sus raíces, se concibe a sí mismo en relación con la otra persona, con una fuerza que trasciende el tiempo:

Yo voy a cerrar los ojos
y solo quiero cinco cosas,
cinco raíces preferidas.
Una es el amor sin fin...
La quinta cosa son tus ojos,
Matilde mía, bienamada,

---

[175] A. Pozzi, «Bellezza», en *Parole. Diario di poesia,* Mondadori, Milán 1964, 191-192: «Ti do me stessa / le mie notti insonni, / i lunghi sorsi / di cielo e stelle – bevuti / sulle montagne, / la brezza dei mari percorsi /verso albe remote [...] / E tu accogli la mia meraviglia / di creatura, / il mio tremito di stelo / vivo nel cerchio / degli orizzonti, / piegato al vento / limpido – della bellezza:/ e tu lascia ch'io guardi questi occhi / che Dio ti ha dati, / così densi di cielo – / profondi come secoli di luce / inabissati al di là / delle vette –».

no quiero dormir sin tus ojos,
no quiero ser sin que me mires[176].

112. En los grandes poetas no se encuentra generalmente un romanticismo ingenuo, sino un realismo que reconoce los riesgos de la adicción estática, acepta los retos que estimulan el crecimiento y, al mismo tiempo, no pierde de vista la necesidad de una apertura fuera del círculo restringido de los dos:

Nosotros dos tomados de la mano
nos creemos que cualquier lugar es nuestro hogar [...]
junto a sabios y locos
entre los niños y los adultos[177].

113. Esto se basa en el hecho de que la autenticidad de esta unión excluye cualquier forma de fusión encerrada en sí misma. La pertenencia recíproca no es solo el resultado de una necesidad personal, sino de una decisión de pertenecer al otro que permite superar la soledad y el abandono: una decisión que, al

---

[176] P. NERUDA, «Pido silencio» *(Extravagario* [1958]), en H. LOYOLA (ed.), *Obras completas* II: *De «Odas elementales» a «Memorial de Isla Negra», 1954-1964,* Opera Mundi, Barcelona 1999, pp. 626-628.

[177] P. ÉLUARD, «Nous deux», en *Derniers poèmes d'amour,* Seghers, París 1963, 1965 : «Nous deux nous tenant par la main / Nous nous croyons partout chez nous / [...] Auprès des sages et des fous / Parmi les enfants et les grands».

mismo tiempo, está íntimamente marcada por un gran respeto por el otro y por su misterio personal. El amor, que ve en el otro un valor único, percibe a su manera que la persona humana es «intransferible», que no puede ser de su propiedad, y exige para sí mismo una actitud similar:

Tus ojos me interrogan tristes.
Les gustaría sondear todos mis pensamientos
mientras la luna escudriña el mar [...]
Pero es mi corazón, mi amor.
Sus alegrías y sus ansiedades
son inmensos
e infinitos sus deseos y sus riquezas.
Este corazón está tan cerca de ti como tu propia vida,
pero no puedes conocerlo del todo[178].

114. En estos pocos ejemplos citados, queda claro cómo la palabra poética se toma en serio el valor de la unión exclusiva de dos personas que han decidido libremente estar juntas y pertenecerse, de manera exclusiva, la una a

---

[178] R. TAGORE, «Cuore (Il Giardiniere, 28)», trad. de R. Russo, en *Parole d'amore*, Terra Santa, Milán 2021: «I tuoi occhi m'interrogano tristi. / Vorrebbero sondare tutti i miei pensieri / mentre la luna scandaglia il mare [...] / Ma è il mio cuore, il mio amore. / Le sue gioie e le sue ansie / sono immense / e infiniti i suoi desideri e le sue ricchezze. / Questo cuore ti è vicino come la tua stessa vita, / ma non puoi conoscerlo del tutto».

la otra. Se puede resumir lo dicho sobre el carácter totalizador del amor con las palabras de otra gran poetisa, Emily Dickinson: «*Que el Amor lo es todo / es todo lo que sabemos del Amor*»[179].

---

[179] E. DICKINSON, «That Love is all there is» (1765), en T. H. JOHNSON (ed.), *The Complete Poems of Emily Dickinson*, Little, Boston-Toronto 1960, p. 714: «That Love is all there is, / Is all we know of Love».

VI

Algunas reflexiones para profundizar

115. Gracias al camino recorrido hasta ahora, es posible ahora reunir un bagaje considerable de consideraciones que pueden ayudar a percibir la unión matrimonial, única y exclusiva, de manera armoniosa y multiforme. Se trata de consideraciones útiles en sí mismas para una valiosa profundización del significado de la monogamia; sin embargo, parece oportuno, en esta última parte de la *Nota*, centrar la atención en algunos puntos importantes y específicos sobre el tema que nos ocupa. Como se ha visto, la unidad-unión matrimonial podría expresarse bajo diferentes figuras filosóficas, teológicas o poéticas, pero entre tantas posibles, dos parecen decisivas: la pertenencia recíproca y la caridad conyugal. Ambas han surgido con frecuencia en varios textos citados en la presente *Nota*.

Pertenencia recíproca

116. Una forma de expresar esta unión exclusiva entre dos personas se resume en la expresión «pertenencia recíproca». Ya en el siglo V, san León Magno se refiere a la pertenencia recíproca de los esposos cuando habla de la situación de los soldados que, dados por muertos, regresan de la guerra y descubren que han sido «sustituidos» por otros. Entonces, el papa ordena que «cada uno reciba *lo que le pertenece*»[180]. Esta idea nos lleva ahora a reflexionar sobre esta pertenencia recíproca de una manera más rica y profunda.

117. Es santo Tomás de Aquino quien afirma que, para establecer una amistad, «no basta con la benevolencia, sino que se requiere el amor *mutuo*»[181]. La pertenencia recíproca se basa en el libre consentimiento de ambos. De hecho, en el rito latino del matrimonio, el consentimiento se expresa diciendo: «Te recibo a ti, N., como mi esposa», «Te recibo a ti, N.,

---

[180] LEÓN I, Cart. *Regressus ad nos* (21 de marzo de 458), c. 1: DH 311.
[181] STO. TOMÁS DE AQUINO, *Summa Theologiae*, II-II, q. 23, a. 1, resp. (cursiva añadida).

como mi esposo»[182]. A este respecto, siguiendo el dictado del Concilio Vaticano II, hay que decir que el consentimiento es un «acto humano por el cual los cónyuges se dan y se reciben mutuamente»[183]. Este acto «que une a los esposos entre sí»[184] es un darse y recibirse: es el dinamismo que da origen a la pertenencia recíproca, llamada a profundizarse, a madurar, a hacerse cada vez más sólida. En términos técnicos, el mutuo donarse es la *materia*; la acogida recíproca es la *forma*.

118. No es casualidad que san Pablo VI relacione la «donación personal *recíproca*» en el matrimonio con la unidad del vínculo, caracterizándola como «propia y *exclusiva*»[185]. Y, siempre en relación con la reciprocidad, Karol Wojtyła sostiene que esta «nos obliga a considerar el amor del hombre y de la mujer no solo como el amor de uno *por* el otro, sino más bien como algo que existe *entre* ellos [...] El amor

---

[182] CONFERENCIA EPISCOPAL ESPAÑOLA, *Ritual del Matrimonio*, n. 66, Edice, Madrid 2023³, p. 31.

[183] CONC. ECUM. VAT. II, Const. past. *Gaudium et spes* (7 de diciembre de 1965), n. 48: AAS 58 (1966) p. 1067. Cf can. 1057 § 2 CIC; can. 817 § 1 CCEO.

[184] *Catecismo de la Iglesia católica*, n. 1627.

[185] S. PABLO VI, Carta enc. *Humanae vitae* (25 de julio de 1968), n. 8: AAS 60 (1968), pp. 485-486 (cursiva añadida).

no está solo *en* la mujer ni solo en el hombre, porque entonces se tendrían, en definitiva, dos amores, sino que es único, es *lo que los une* [...] Su ser, en su plenitud, es interpersonal y no individual [...] Es la reciprocidad la que, en el amor, decide el nacimiento de este «nosotros». Demuestra que el amor ha madurado, se ha convertido en algo entre las personas, ha creado una comunidad»[186]. Esta reciprocidad es un reflejo de la vida trinitaria: «dos personas a quienes un amor perfecto va a reunir en la unidad. Este movimiento y este amor les hacen asemejarse a Dios, que es el amor mismo, la unidad absoluta de Tres Personas»[187]. La unidad de la relación de los esposos está profundamente radicada en la comunión trinitaria.

119. Al papa Francisco le gustaba mucho hablar del matrimonio en términos de pertenencia libremente elegida, porque «sin *sentido de pertenencia* no se puede sostener una entrega por los demás, cada uno termina buscando solo su conveniencia»[188]. En la

---

[186] K. Wojtyła, *Amore e responsabilità, o.c.*, pp. 61-62.

[187] S. Juan Pablo II, Homilía durante la Misa para las familias en Kinshasa (3 de mayo de 1980), n. 2: AAS 72 (1980), 425.

[188] Francisco, Exhort. ap. *Amoris laetitia* (19 de marzo de 2016), n. 100: AAS 108 (2016), p. 351 (cursiva añadida).

boda, cada uno de los dos «expresa la firme opción de *pertenecerse* el uno al otro. Casarse es un modo de expresar que realmente se ha abandonado el nido materno para tejer otros lazos fuertes y asumir una nueva responsabilidad ante otra persona. Esto vale mucho más que una mera asociación espontánea para la gratificación mutua»[189]. La pertenencia recíproca y exclusiva se convierte en una fuerte motivación para la estabilidad de la unión: «En el matrimonio se vive también el sentido de *pertenecer por completo solo a una persona*. Los esposos asumen el desafío y el anhelo de envejecer y desgastarse juntos y así reflejan la fidelidad de Dios [...] Es una *pertenencia del corazón*, allí donde solo Dios ve (cf Mt 5,28). Cada mañana, al levantarse, se vuelve a tomar ante Dios esta decisión de fidelidad, pase lo que pase a lo largo de la jornada. Y cada uno, cuando va a dormir, espera levantarse para continuar esta aventura»[190].

---

[189] *Ib.*, n. 131: AAS 108 (2016), p. 362 (cursiva añadida).
[190] *Ib.*, n. 319: AAS 108 (2016), p. 443 (cursiva añadida).

120. Con el paso del tiempo, incluso cuando la atracción física y la posibilidad de tener relaciones sexuales se debilitan, la pertenencia recíproca no está destinada a disolverse. La opción por la unión de los dos se modifica, se transforma. Naturalmente, no faltarán diversas expresiones íntimas de afecto, que, sin embargo, también se consideran exclusivas, en cuanto expresiones de la única unión matrimonial, que no podría ofrecerse a otras personas sin experimentar una inadecuación. Precisamente porque la experiencia de pertenencia recíproca y exclusiva se ha profundizado y fortalecido con el tiempo, hay expresiones que se reservan solo a esa persona con la que se ha elegido compartir el corazón de manera única.

121. Para el papa Francisco, esta es precisamente una de las ventajas de entender la unión matrimonial como pertenencia recíproca: «La relación íntima y la pertenencia mutua deben conservarse por cuatro, cinco o seis décadas, y esto se convierte en una necesidad de volver a elegirse una y otra vez. Quizás el

cónyuge ya no está apasionado por un deseo sexual intenso que le mueva hacia la otra persona, pero siente *el placer de pertenecerle y que le pertenezca*, de saber que no está solo, de tener un "cómplice", que conoce todo de su vida y de su historia y que comparte todo. Es el compañero en el camino de la vida»[191]. Así, «aunque muchos sentimientos confusos den vueltas por el corazón, se mantiene viva cada día la decisión de amar, de *pertenecerse*, de compartir la vida entera y de permanecer amando y perdonando [...] En medio de ese camino, el amor celebra cada paso y cada nueva etapa [...] El vínculo encuentra nuevas modalidades y exige la decisión de volver a amasarlo una y otra vez. Pero no solo para conservarlo, sino para desarrollarlo»[192]. En cualquier caso, hay que reconocer que la pertenencia recíproca es una forma de entender la unión conyugal que tiene su gran riqueza y, al mismo tiempo, sus límites, que es indispensable aclarar.

---

[191] *Ib.*, n. 163: AAS 108 (2016), p. 375 (cursiva añadida).
[192] *Ib.*, nn. 163-164: AAS 108 (2016), pp. 375-376 (cursiva añadida).

122. Una característica de la persona es que es un fin en sí misma. El ser humano «es la única criatura en la tierra a la que Dios ha amado por sí misma»[193]. Por lo tanto, se puede decir que el hombre *«es un fin en sí mismo»* y, por lo tanto, no puede ser reducido a ser meramente el fin de otros. La persona no puede ser tratada de una manera que no corresponda a esta dignidad, que puede llamarse «infinita»[194], tanto por el amor ilimitado que Dios le profesa como porque es una dignidad absolutamente inalienable. Todo «ser humano tiene la dignidad de *persona;* no es solamente algo, sino alguien»[195]. Por consiguiente, la persona «no puede ser tratada como un objeto de uso, es decir, como un medio»[196].

123. Cuando no existe esta convicción, propia del amor verdadero que se detiene ante la dimensión sagrada del otro, se desarrollan

---

[193] CONC. ECUM. VAT. II, Const. past. *Gaudium et spes* (7 de diciembre de 1965), n. 24: AAS 58 (1966), p. 1045.

[194] DICASTERIO PARA LA DOCTRINA DE LA FE, Declaración *Dignitas infinita* (8 de abril de 2024), Presentación y nn. 1, 6.

[195] *Catecismo de la Iglesia católica*, n. 357 (cursiva añadida).

[196] K. WOJTYŁA, *Amore e responsabilità, o.c.,* p. 29.

fácilmente las enfermedades de una posesión indebida del otro: manipulaciones, celos, vejaciones e infidelidades. Por otra parte, la pertenencia mutua propia del amor recíproco exclusivo implica un cuidado delicado, un temor santo de profanar la libertad del otro, que tiene la misma dignidad y, por lo tanto, los mismos derechos. Quien ama sabe que el otro no puede ser un medio para resolver sus propias insatisfacciones, sabe que su vacío debe llenarse de otras maneras, nunca a través del dominio del otro. Esto es lo que no ocurre en muchas formas de deseo malsano que desembocan en diversas manifestaciones de violencia explícita o sutil, de opresión, de presión psicológica, de control y, finalmente, de asfixia. Esta falta de respeto y reverencia ante la dignidad del otro se encuentra también en aquellas pretensiones de complementariedad en las que uno de los dos se ve obligado a desarrollar solamente algunas de sus posibilidades, mientras que el otro encuentra amplios espacios de expansión personal. Para evitar todo esto, hay que reconocer que no existe un único modelo de reciprocidad matrimonial. En una relación sana y generosa «hay roles y tareas flexibles, que se adaptan a las circunstancias concretas de cada familia»[197]. Por consiguiente, «en el hogar las decisiones no se toman unilateralmente, y los dos comparten la responsabilidad por la familia, pero cada hogar es único y cada síntesis matrimonial es diferente»[198].

124. Cuando, en lugar de una sana pertenencia recíproca –aunque esto siempre requiera paciencia y generosidad–, se manifiestan en el cónyuge signos de irritación e incluso algunas faltas de respeto, hay que reaccionar a tiempo antes de que aparezcan formas de manipulación o violencia. En estos casos, la persona debe hacer valer su dignidad, poner los límites necesarios e iniciar un camino de diálogo sincero, de manera que se exprese un mensaje claro: «Tú no me posees, tú no me dominas». Y esto no solo para defenderse a uno mismo, sino también por la dignidad del otro, porque «en la lógica del dominio, el dominador también termina negando su propia dignidad»[199].

125. El «nosotros dos» sano y hermoso solo puede ser la reciprocidad de dos libertades que

---

[197] FRANCISCO, Exhort. ap. *Amoris laetitia* (19 de marzo de 2016), n. 175: AAS 108 (2016), p. 381.

[198] *Ib.*, n. 220: AAS 108 (2016), p. 399.

[199] *Ib.*, n. 155: AAS 108 (2016), p. 371.

nunca se violan, sino que se eligen respectivamente, dejando siempre a salvo un límite que no se puede sobrepasar, que no se puede traspasar con la excusa de alguna necesidad, de una ansiedad personal o de un estado psicológico. Como destaca el papa Francisco, los cónyuges «están llamados a una unión cada vez más intensa, pero el riesgo está en pretender borrar las diferencias y esa distancia inevitable que hay entre los dos. Porque cada uno posee una dignidad propia e intransferible»[200]. Respetar plenamente este principio «exige un despojo interior»[201].

126. Tomando realmente en serio lo dicho hasta ahora, la palabra «pertenencia» solo puede aplicarse al matrimonio de manera análoga. De hecho, una forma de pertenencia diferente a la de un amor que siente al otro como sagrado en su libertad, intransferible en su núcleo personal y autónomo, sería solo una forma egocéntrica de someter al cónyuge a los propios fines o proyectos. La persona no se dispersa en la relación, no se funde con la persona amada, siempre permanece un núcleo intransferible. Esto no

---

[200] Ib.
[201] Ib., n. 320: AAS 108 (2016), p. 443.

debe entenderse como un límite o una pobreza del amor recíproco; al contrario, permite mantener intacto ese nivel de respeto y asombro que forman parte de todo amor sano, que nunca pretende absorber al otro.

127. Esto se confirma por el hecho de que existe una dimensión de la persona que, al ser la más profunda, trasciende todas las demás –incluida la corporal– y en la que solo Dios puede entrar sin violentarla. Hay un núcleo del ser humano en el que solo el amor infinito de Dios puede reinar. Solo Él tiene el amor omnipotente y creador que hace posible la existencia misma de la libertad. Por lo tanto, si la toca, solo puede fortalecerla, promoverla, exaltarla en su propia naturaleza, sin ninguna posibilidad de mutilarla, dominarla, debilitarla o superponerse a ella. De hecho, solo Dios puede «entrañarse *[illabitur]* en el alma»[202]: solo Dios puede entrar en lo más profundo del corazón humano, ya que solo Él puede hacerlo sin perturbar la libertad y la identidad de la persona[203]. Dios, a través de la gracia,

---

[202] STO. TOMÁS DE AQUINO, *Summa Theologiae,* III, q. 64, a. 1, resp.: «Solus Deus illabitur animae».

[203] Cf ID., *De veritate,* q. 28, a. 2, ad 8; ID., *Summa contra Gentiles,* II, c. 98, n. 18; *ib.,* III, c. 88, n. 6; S. BUENAVENTURA, *Collationes in Hexaemeron,* 21, 18.

se hace plenamente cercano, identificándose con lo más profundo del ser humano, que solo Él puede alcanzar[204]. Por lo tanto, «nadie más puede pretender tomar posesión de la intimidad más personal y secreta del ser amado»[205].

128. A medida que su amor madura, la pareja podrá comprender y aceptar pacíficamente que la preciosa pertenencia recíproca que caracteriza al matrimonio no es una posesión, sino que deja abiertas muchas posibilidades. Por ejemplo, que uno de los dos pida un momento de reflexión, o algún espacio habitual de soledad o autonomía, o que rechace la intrusión del otro en algún ámbito de su intimidad, o que conserve algún secreto personal guardado en *el sancta sanctórum* de su conciencia sin ser acechado u observado.

129. Cuando el amor madura, ese «nosotros dos» posee toda la fuerza de la unión libremente elegida por ambos, toda la alegría de un recuerdo común, toda la satisfacción del cami-

---

[204] Cf S. Buenaventura, *In Sent.*, I, d. 14, a. 2, q. 2, ad 2: en Id., *Opera theologica selecta* I, Quaracchi 1934, 205-206. Cf *ib.*, q. 2, fund. 4 y 8 (Quaracchi 1934, 205).
[205] Francisco, Exhort. ap. *Amoris laetitia* (19 de marzo de 2016), n. 320: AAS 108 (2016), p. 443.

no y los sueños compartidos, toda la seguridad que deriva de sentir que no se está ni se estará solo. Pero esa belleza se ve realzada por una magnífica libertad que ningún amor verdadero sería capaz de herir.

130. Por lo tanto, el matrimonio también excluye un control que pueda dar seguridad, certeza absoluta, ausencia de sorpresas. En un amor maduro, si el otro necesita un espacio para redescubrir el mundo, solo hay lugar para la confianza, no para la pretensión de una tranquilidad absoluta, desprovista de todo temor secreto, incapaz de afrontar nuevos retos. En este sentido, el matrimonio no nos libera completamente de la soledad, porque el cónyuge no puede llegar hasta un espacio que solo puede ser de Dios, ni llenar un vacío propio que ningún ser humano es capaz de llenar. El hecho de que su afecto no sea perfecto no significa que sea falso, que sea totalmente egoísta, que no sea auténtico, sino simplemente que es terrenal, limitado, que no se puede esperar que satisfaga todas nuestras propias necesidades.

131. Ciertamente, esta capacidad de aceptar el riesgo de la libertad no implica que un cónyuge muy sensible a la defensa de sus propios espacios de autonomía cultive una indiferencia frente a los miedos del otro, una confianza excesiva en sí mismo, una pretensión de plena independencia que el corazón humano limitado de su pareja, sobre todo si le ama, no podrá aceptar sin un gran sufrimiento. No puede sentirse salvado en su autosuficiencia autónoma, porque una alianza de amor implica también el reconocimiento de que el otro le necesita.

132. Junto con la salvaguarda de una sana libertad, la Palabra de Dios, mientras aprueba la petición de espacios de autonomía y soledad durante un cierto período, también exige: «No os neguéis uno al otro» (1Cor 7,5). Cuando la distancia se vuelve demasiado frecuente, el «nosotros dos» se expone a su posible eclipse, al debilitamiento del deseo del otro. En cualquier caso, si la atracción recíproca se debilita, siempre es posible encontrar un espacio de diálogo sincero para sanar lo que provoca el distanciamiento mutuo.

En definitiva, siempre es posible buscar vías alternativas que consoliden y enriquezcan el «nosotros» de una manera inédita. Se trata de un equilibrio sano pero difícil, que cada pareja alcanza a *su manera,* a través del diálogo sincero y la entrega recíproca.

133. La pertenencia recíproca se convierte en ayuda mutua, una ayuda que no solo busca la felicidad del cónyuge y el alivio de sus penas, sino que también es un ayudarse mutuamente para madurar como personas, hasta llegar al fin último de la vida de ambos ante Dios, en el banquete del cielo. San Pablo VI recuerda que «los esposos, mediante su recíproca donación personal, propia y exclusiva de ellos, tienden a la comunión de sus seres en orden a un *mutuo perfeccionamiento personal*»[206]. La oración en pareja es sin duda un medio precioso para crecer en el amor y santificarse juntos, una oración que «tiene como contenido original la misma vida de familia»[207]. En este camino de santificación, dice Sertillanges, no debe excluirse la sexualidad vivida como expresión

---

[206] S. PABLO VI, Carta enc. *Humanae vitae* (25 de julio de 1968), n. 8: AAS 60 (1968), p. 486 (cursiva añadida).

[207] S. JUAN PABLO II, Exhort. ap. *Familiaris consortio* (22 de noviembre de 1981), n. 59: AAS 74 (1982), p. 152.

santa de una plena entrega de sí mismo al otro, como se entregan mutuamente Cristo y su Iglesia: «El acto así realizado no solo es lícito, como efecto de una institución natural y legal; no solo es virtuoso, como útil y dirigido a fines útiles; *es santo por la santidad del sacramento al que pertenece,* por la santidad de la unión sagrada de toda la humanidad con su Redentor»[208].

134. Hablar de monogamia implica reconocer que la singularidad del cónyuge refleja, en el orden «horizontal» de las relaciones humanas, la singularidad de la relación del ser humano con el Infinito divino. Pensar la monogamia significa preguntarse por la relación del amor humano con su cumplimiento último. Toda relación amorosa invoca silenciosamente la presencia de un Tercero infinito, que es Dios mismo[209]. Sin este Tercero, el amor se encierra fácilmente en su propia finitud y se derrumba. La exclusividad conyugal aparece entonces no como una limitación, sino como la condición de posibilidad de un amor sobrenatural que, más allá de la carne, se abre a la eternidad. De

[208] A.-D. SERTILLANGES, *L'amour chrétien, o.c.* (cursiva añadida).
[209] Cf J.-L. MARION, *Il fenomeno erotico. Sei meditazioni,* trad. de L. Tasso, Cantagalli, Siena 2007.

hecho, enseña santo Tomás de Aquino que el mismo «Espíritu Santo procede invisiblemente al alma por el don del amor»[210], por lo que, en consecuencia, en la experiencia del amor auténtico nos conectamos con ese Amor infinito que es el Espíritu Santo. Precisamente la experiencia de un amor tan cercano, como el del matrimonio, hace surgir con fuerza en el corazón humano el deseo de un amor no solo para siempre, sino sin fin. Entonces, el amor de los cónyuges se convierte en epifanía del destino trascendente y eterno de la persona humana. Porque solo un amor capaz de trascender el amor humano, un Amor eterno e infinito, puede responder a ese deseo de amor «para siempre» y «sin fin» que suscita el amor conyugal. Y por eso la experiencia de esa particular y marcada *proximidad,* que ofrece el vínculo conyugal, está destinada en última instancia a revelar al corazón de cada hombre y cada mujer el deseo de esa *proximidad* incomparable que solo Dios puede ofrecer de manera plena y definitiva. Y Dios mismo, haciéndose hombre, comienza a responder a ese deseo, confiriendo también a la proximidad que nace del vínculo

---

[210] Sto. Tomás de Aquino, *In Sent.*, I, d. 15, q. 4, a. 1, co.

matrimonial el sello de la unicidad, que es precisamente signo y prenda de la comunión de Dios con cada uno de nosotros en una alianza de amor sin fin. En consecuencia, ¿cómo no pensar en el matrimonio como un camino de ayuda mutua para santificarse juntos, para alcanzar las cimas de la unión con Dios?

135. La ayuda recíproca para la santificación, en la que los dos se sostienen «mutuamente en la gracia»[211], se realiza sobre todo en el ejercicio de la caridad conyugal, porque solo la caridad ejercida concretamente hacia el otro nos permite crecer en la vida de la gracia, y sin la caridad cualquier esfuerzo por la santificación «de nada me serviría» (1Cor 13,3). Por esta razón, las últimas páginas de este documento están dedicadas a esa fuerza unificadora que es la caridad conyugal.

Caridad conyugal

136. Ya se ha argumentado sobre el carácter recíproco de la unión conyugal, que puede

---

[211] Conc. Ecum. Vat. II, Const. dogm. *Lumen gentium* (7 de diciembre de 1965), n. 41: AAS 57 (1965), p. 47.

considerarse como una forma de amistad íntima y totalizante. A este respecto, conviene recordar que precisamente santo Tomás especifica que la amistad «se basa en alguna comunión»[212]. Más que ciertas afinidades ideológicas o estéticas, que pueden ser muy importantes, se trata de la comunión que crea el amor, que con su fuerza unificadora hace que los cónyuges se parezcan entre sí, aumenta las cosas que comparten y crea un tesoro de vida entre ambos. Por lo tanto, en primer lugar, hay que decir que, para hablar de amistad, debe haber amor.

Una forma particular de amistad

137. No se puede comprender bien el matrimonio sin hablar del amor, que para los cristianos siempre está llamado a alcanzar las cimas de la caridad, el amor sobrenatural que «todo lo excusa, todo lo cree, todo lo espera, todo lo soporta» (1Cor 13,7). De hecho, la «gracia propia del sacramento del matrimonio está destinada a perfeccionar el amor de

---

[212] Sto. Tomás de Aquino, *Summa Theologiae*, II-II, q. 23, a. 1, resp.

los cónyuges»[213]. Este amor sobrenatural es un don divino, que se pide en la oración y se alimenta en la vida sacramental, e invita a los cónyuges a recordar que Dios es el principal autor de la unidad del matrimonio y que, sin su ayuda, su unión nunca podrá alcanzar su plenitud. Cuando en el rito latino del matrimonio se citan las palabras del Señor: «lo que Dios ha unido, que no lo separe el hombre»[214] (cf Mt 19,6; Mc 10,9), se señala que la unidad conyugal no está constituida solo por el consentimiento humano, sino que es obra del Espíritu Santo. Lo mismo hay que decir del crecimiento en la comunión de los esposos, animados por la gracia y la caridad. Esta comunión se desarrolla como respuesta a una «vocación de Dios y es actuada como respuesta filial a su llamada»[215]. Pero el crecimiento de la caridad no se produce sin la cooperación humana: en este caso, la colaboración de los esposos que buscan cada día una comunión cada vez más intensa, rica y generosa.

---

[213] *Catecismo de la Iglesia católica*, n. 1641.
[214] CONFERENCIA EPISCOPAL ESPAÑOLA, *Ritual del Matrimonio, o.c.*, p. 33.
[215] S. JUAN PABLO II, Exhort. ap. *Familiaris consortio* (22 de noviembre de 1981), n. 59: AAS 74 (1982), p. 152.

138. La caridad –incluida la caridad conyugal– es una unión afectiva, entendiendo aquí por «afectivo» algo más que los sentimientos y los deseos: «implica un vínculo afectivo de quien ama con lo amado: en cuanto que quien ama considera a la persona amada como una sola cosa con él mismo»[216]. Se expresa en la acción de la voluntad[217] que quiere, elige a alguien, decide entrar en íntima comunión con él, se une a esa persona libremente, con todos los efectos más o menos intensos que esto puede implicar en la sensibilidad en forma de deseo, emociones, atracción sexual, sensualidad. Incluso cuando estos efectos sobre la sensibilidad o el cuerpo se debilitan o se transforman en las distintas etapas de la vida, la unión afectiva permanece, a veces con gran intensidad, en la voluntad. Es la voluntad la que quiere permanecer en unión con el otro ser humano, apreciándolo como «de gran valor»[218] y constituyendo con él «una sola cosa consigo mismo»[219].

---

[216] STO. TOMÁS DE AQUINO, *Summa Theologiae*, II-II, q. 27, a. 2, resp.
[217] Cf *ib.*, II-II, q. 23, a. 2, resp.: «El amor es por sí mismo un acto de la voluntad».
[218] *Ib.*, I-II, q. 26, a. 3, resp.
[219] *Ib.*, II-II, q. 27, a. 2, resp.

139. Solo así es posible mantener la fidelidad en los momentos adversos o en la tentación, porque la caridad nos mantiene aferrados a un valor más alto que la satisfacción de las necesidades personales. A este respecto, no se pueden pasar por alto los numerosos testimonios de parejas en las que los cónyuges se han apoyado mutuamente en las diversas dificultades de la vida, a veces durante pruebas que han durado años, testimoniando así la relevancia profética de la monogamia. Este hecho se expresa bien en la fórmula del consentimiento del rito latino del matrimonio: «Prometo serte fiel en la prosperidad y en la adversidad, en la salud y en la enfermedad, y así amarte y respetarte todos los días de mi vida»[220]. Es precisamente la caridad conyugal, con su fuerza unificadora, la que hace posible que dicha promesa se cumpla verdaderamente. Esta unión afectiva se configura como una amistad, porque, en definitiva, la caridad es una forma de amistad[221]. El papa Francisco, citando a santo Tomás de Aquino, sostiene por tanto que «después del amor que nos

---

[220] Conferencia Episcopal Española, *Ritual del Matrimonio*, n. 66, *o.c.*, p. 31.
[221] Cf Sto. Tomás de Aquino, *Summa Theologiae*, II-II, q. 23, a. 1.

une a Dios, el amor conyugal es la "máxima amistad"»[222].

140. En el Antiguo Testamento hay una afirmación perentoria, referida a la necesidad de amar: «Amarás a tu prójimo como a ti mismo» (Lev 19,18). Se trata de una afirmación que llega al final de un pasaje en el que se recuerdan continuamente las obligaciones del piadoso israelita hacia aquellos que son su «prójimo». Se trata de una afirmación muy conocida, ya que Jesús la retoma y la reafirma (cf Mt 22,39; Mc 12,31; Lc 10,29-37). Él establece así un vínculo muy especial entre la realidad del amor, fenómeno tan universal, y la categoría de «prójimo». De este modo, el amor mismo, cuando es auténtico, no solo se dirige a quienes están cerca de nosotros, sino que también es capaz de *generar* una «proximidad». De ello se deduce que el «prójimo» es aquel con quien se realiza un modo específico de compartir la vida. En este sentido, precisamente el amor conyugal revela y encarna una especial «proximidad», que hace resonar de manera

[222] FRANCISCO, Exhort. ap. *Amoris laetitia* (19 de marzo de 2016), n. 123: AAS 108 (2016), p. 359, que cita STO. TOMÁS DE AQUINO, *Summa contra Gentiles,* III, c. 123. Cf ARISTÓTELES, *Etica Nicomachea,* 8, 12, Oxford University Press, Oxford 1984, p. 174.

particularmente convincente lo que contiene el mandamiento. El amor de los esposos, de hecho, realiza y evoca una cercanía única y singular entre dos corazones que se aman, generando una afinidad especial que se nutre de ese compartir de sí mismos, de los bienes y de toda la vida, que la profundidad del amor conyugal es capaz de realizar con una intensidad incomparable. A medida que el amor madura y crece, en el matrimonio el corazón de la persona amada percibe que ningún otro corazón es capaz de hacerla sentir «en casa» como el de la persona que ama.

En cuerpo y alma

141. Esta amistad conyugal, llena de conocimiento recíproco, de aprecio por el otro, de complicidad, de intimidad, de comprensión y paciencia, de búsqueda del bien del otro, de gestos sensibles, en la medida en que supera la sexualidad, al mismo tiempo la abraza y le da su significado más bello, más profundo, más unificador y más fecundo. A este respecto, el papa Francisco recuerda que «Dios mismo creó la sexualidad, que es un regalo maravilloso»[223].

---

[223] FRANCISCO, Exhort. ap. *Amoris laetitia* (19 de marzo de 2016), n. 150: AAS 108 (2016), p. 369.

Al mismo tiempo, «la unión sexual, vivida de modo humano y santificada por el sacramento, es a su vez camino de crecimiento en la vida de la gracia para los esposos»[224]. Por eso, situar la sexualidad en el marco propio de un amor que une a los cónyuges en una única amistad, que busca el bien del otro, no implica una devaluación del placer sexual. Al orientarlo hacia la donación de sí mismos, no solo se enriquece, sino que también puede potenciarse. Santo Tomás de Aquino explica muy bien todo esto cuando recuerda que «la naturaleza ha vinculado el placer a las funciones necesarias para la vida del hombre» y que aquel que lo rechazase «hasta el punto de descuidar lo que es necesario para la conservación de la naturaleza, cometería pecado, violando así el orden natural. Y esto es precisamente lo que entra dentro del vicio de la insensibilidad»[225]. Dentro de esta lógica, santo Tomás sostiene que, antes del pecado original, el placer sensible era mayor, ya que la naturaleza era más pura, más íntegra y, en consecuencia, el cuerpo era más sensible. Esto es contrario al libertinaje ansioso

---

[224] *Ib.*, n. 74: AAS 108 (2016), p. 340.
[225] STO. TOMÁS DE AQUINO, *Summa Theologiae*, II-II, q. 142, a. 1, resp.

que al final daña el placer, privándolo de las posibilidades de una experiencia auténticamente humana[226]. Las capacidades específicamente humanas que permiten al espíritu humano impregnar la sensibilidad, orientarla y llevarla a su plenitud, «no tienen por objeto disminuir el placer de los sentidos», sino más bien hacerlo posible en toda su plenitud y riqueza, impidiendo «que la facultad de la concupiscencia se adhiera de manera desenfrenada al placer»[227]. Vivir la sexualidad como una acción de todo el ser humano, en su corporeidad e interioridad, gracias también al poder transfigurador de la caridad, significa que [la sexualidad] no se vive pasivamente, como un simple dejarse llevar por los impulsos, sino como la acción de la persona que elige unirse plenamente al otro.

142. Vivida de esta manera, la sexualidad ya no es el desahogo de una necesidad inmediata, sino una elección personal que expresa la totalidad de la propia persona y asume al otro como una totalidad personal. Esta verdad, en lugar de comprometer la intensidad del placer, puede aumentarlo, hacerlo más intenso, más

---

[226] Cf *ib.*, I, q. 98, a. 2, ad 3; II-II, q. 153, a. 2, ad 2.
[227] *Ib.*, I, q. 98, a. 2, ad 3.

rico y más satisfactorio. El simple hecho de ser tratado como una persona y de tratar al otro de la misma manera puede liberar el corazón de traumas, miedos, angustias, ansiedades, sentimientos de soledad, abandono, incapacidad de amar, que sin duda hieren el placer. Al mismo tiempo, el desarrollo del amor como virtud humana y teologal ayuda a liberar lo mejor de cada persona en su identidad única, y así la hace capaz de una alegría más grande y más humana, hasta dar gracias a Dios que lo ha creado todo «para que lo disfrutemos» (1Tim 6,17). Todo ello no resta a la unión sexual «la abundancia de placer que hay en el acto venéreo ordenado según la razón» y que «no contradice el medio de la virtud»[228]. En cambio, si uno se repliega sobre sí mismo y sobre sus necesidades inmediatas, y utiliza al otro como mero medio para satisfacerlas, el placer le deja más insatisfecho y el sentimiento de vacío y soledad se vuelve más amargo.

143. Al hablar de la caridad conyugal, Karol Wojtyła invita a superar toda dialéctica inútil, explicando que «el amor-virtud se re-

---

[228] *Ib.*, II-II, q. 153, a. 2, ad 2.

fiere tanto al amor efectivo como al amor de concupiscencia»[229]. El papa Benedicto XVI, en *Deus caritas est,* reitera que el amor oblativo (*amor benevolentiae*) y el amor posesivo (*amor concupiscentiae*) no pueden separarse entre sí, porque «en el fondo, el "amor" es una única realidad, si bien con diversas dimensiones; según los casos, una u otra puede destacar más. Pero cuando las dos dimensiones se separan completamente una de otra, se produce una caricatura o, en todo caso, una forma mermada del amor»[230]. Cuando hablamos del amor de concupiscencia no debemos entender solo el deseo sexual, sino también cualquier forma de buscar al otro como «un bien para mí», para superar la soledad, para recibir ayuda en las dificultades, para tener un espacio de total confianza, etc. Esta forma de amor, que no está excluida en el matrimonio, es una forma de expresar que yo no soy el salvador del otro, un dador de bienes omnipotente e inagotable, sino que soy un ser necesitado, que yo también necesito al otro, que yo también soy incompleto y frágil, y que, por lo tanto, el otro es importante

---

[229] K. WOJTYŁA, *Amore e responsabilità, o.c.,* p. 89.
[230] BENEDICTO XVI, Carta enc. *Deus caritas est* (25 de diciembre de 2005), n. 8: AAS 98 (2006), 224.

para mí y le doy la posibilidad de ser fecundo haciéndome bien. Hacer lo contrario sería una especie de autosuficiencia que puede transformarse fácilmente en un egocentrismo encubierto, porque Satanás «se disfraza de ángel de luz» (2Cor 11,14). Benedicto XVI explica así que «el hombre tampoco puede vivir exclusivamente del amor oblativo, descendente. No puede dar únicamente y siempre, también debe recibir. Quien quiere dar amor, debe a su vez recibirlo como don»[231].

144. En este sentido, no podemos ignorar que, en las últimas décadas, en el contexto del individualismo consumista posmoderno, han surgido problemas distintos a los originados por una búsqueda excesiva y descontrolada del sexo, o por la simple negación del fin procreativo de la sexualidad. Como peculiaridad de las últimas décadas, cabe señalar la negación explícita del fin *unitivo* de la sexualidad y del matrimonio mismo. Esto ocurre especialmente por la sensación de ansiedad, de estar siempre ocupados, de querer disponer de más tiempo libre para uno mismo, de estar siempre obsesionados con

---

[231] *Ib.*, n. 7: AAS 98 (2006), pp. 223-224.

viajar y conocer otras realidades. En consecuencia, desaparece el deseo de intercambio afectivo, de las propias relaciones sexuales, pero también del diálogo y la cooperación, cosas que se consideran «estresantes».

La fecundidad multiforme del amor

145. Una visión integral de la caridad conyugal no niega su fecundidad, la posibilidad de generar una nueva vida, porque «esta totalidad, exigida por el amor conyugal, corresponde también con las exigencias de una fecundidad responsable»[232]. La unión sexual, como forma de expresión de la caridad conyugal, debe permanecer naturalmente abierta a la comunicación de la vida[233], aunque esto no significa que este deba ser un objetivo explícito de cada acto sexual. De hecho, pueden darse tres situaciones legítimas:

a) Que una pareja no pueda tener hijos. Karol Wojtyła lo explica magníficamente cuando

---

[232] S. Juan Pablo II, Exhort. ap. *Familiaris consortio* (22 de noviembre de 1981), n. 11: AAS 74 (1982), p. 92.

[233] Cf S. Pablo VI, Carta enc. *Humanae vitae* (25 de julio de 1968), n. 11: AAS 60 (1968), p. 488.

recuerda que el matrimonio posee «una estructura interpersonal, es una unión y una comunidad de dos personas [...] Por muchas razones, el matrimonio puede no convertirse en familia, pero la falta de esta no le priva de su carácter esencial. De hecho, la razón de ser interna y esencial del matrimonio no es solo convertirse en familia, sino sobre todo constituir una unión de dos personas, una unión duradera y basada en el amor [...] Un matrimonio en el que no hay hijos, sin culpa de los cónyuges, conserva el valor integral de la institución, [...] no pierde nada de su importancia»[234].

b) Que una pareja no busque conscientemente un acto sexual determinado como medio de procreación. Así lo afirma también Wojtyła, sosteniendo que un acto conyugal, que *siendo en sí mismo un acto de amor que une a dos personas, puede no ser necesariamente considerado por ellas como un medio consciente y querido de procreación*[235].

---

[234] K. WOJTYŁA, *Amore e responsabilità*, o.c., p. 161.
[235] *Ib.*, p. 173 (cursiva en el original).

c) Que una pareja respete los períodos naturales de infertilidad. Siguiendo esta línea de reflexión, como afirma san Pablo VI, «la Iglesia enseña que es lícito tener en cuenta los ritmos naturales inherentes a las funciones generativas para el uso del matrimonio solo en los períodos infértiles»[236]. Esto puede servir no solo para «regular la natalidad», sino también para elegir los momentos más oportunos para acoger una nueva vida. Mientras tanto, la pareja puede aprovechar esos períodos «para manifestarse el afecto y para salvaguardar la mutua fidelidad. Obrando así, ellos dan prueba de amor verdadero e integralmente honesto»[237].

146. Todo ello muestra la importante novedad que ofrece el papa Pío XI cuando afirma que el amor conyugal «penetra todos los deberes de la vida conyugal y ocupa cierta primacía de nobleza en el matrimonio cristiano»[238]. De este modo, ayuda a superar la discusión sobre la relación entre los fines o significados del ma-

---

[236] S. Pablo VI, Carta enc. *Humanae vitae* (25 de julio de 1968), n. 16: AAS 60 (1968), p. 492.

[237] *Ib.*

[238] Pío XI, Carta enc. *Casti connubii* (31 de diciembre de 1930): AAS 22 (1930): 547-548 [cf DH 3707].

trimonio (procreativo y unitivo) y el orden que existe entre ellos, situando la caridad conyugal por encima de esta dialéctica de fines y bienes como cuestión central de la vida conyugal, lo que a su vez le confiere una fecundidad multiforme. Los esposos, incluso en los momentos más difíciles, pueden decir: «Somos amigos, nos amamos, nos valoramos, hemos decidido compartir toda nuestra vida, nos pertenecemos y hemos elegido libremente esta unión que Dios mismo ha bendecido y consolidado. Si en un momento no hay hijos, permanecemos unidos y somos fecundos de otras maneras; si en un momento no hay sexo, seguimos viviendo esta amistad única, exclusiva y totalizante, que es también nuestro mejor camino de maduración y santificación». El mismo san Agustín, que subraya tan enérgicamente el fin de la procreación, enseña que el matrimonio en sí mismo es un bien, aunque no haya hijos, «porque establece una sociedad natural entre los dos sexos. De lo contrario, no seguiría llamándose matrimonio incluso en los ancianos, especialmente cuando han perdido a sus hijos o no los han tenido»[239]. Una posición similar, expresada

---

[239] S. Agustín, *De bono coniugali*, 3, 3: PL 40, 375.

con otras palabras, es defendida por san Juan Crisóstomo: «¿Qué decir entonces: Si no hay hijos, [los esposos] no serán ya más dos? Es evidente: su unión *(mixis)* hace precisamente eso, derrama y mezcla los cuerpos de ambos. Y como quien vierte perfume en aceite lo convierte en una sola cosa, así también aquí»[240]. En esencia, esto se afirmó también en el Concilio Vaticano II: «Aunque la prole, tan deseada muchas veces, falte, el matrimonio, como amistad y comunión de la vida toda, sigue existiendo y conserva su valor»[241].

147. Un autor ilustra bien que, más allá de los «objetivos» que los cónyuges puedan fijarse, que no constituyen la esencia del matrimonio, «la unión-unidad que comporta el matrimonio se explica y justifica por sí misma, con prioridad a su tensión teleológica, porque es una unión-unidad que posee en sí misma su propia y completa razón de bien, de la que se derivan, sin duda, ciertas obras propias, pero como consecuencias, nunca como causas»[242]. De esta unión-unidad,

---

[240] S. Juan Crisóstomo, *Homiliae in Epistolam ad Colossenses,* hom. 12, c. V: PG 62, 388.

[241] Conc. Ecum. Vat. II, Const. past. *Gaudium et spes* (7 de diciembre de 1965), n. 50: AAS 58 (1966), p. 1072.

[242] P. J. Viladrich, «Amor conyugal y esencia del matrimonio», en *Ius canonicum* 12 (1972), p. 311.

que pertenece a la esencia del matrimonio, la caridad conyugal es la principal y más perfecta expresión moral y espiritual que da al matrimonio diversas formas de fecundidad.

Una amistad abierta a todos

148. De lo dicho se deduce que una unión exclusiva generada y sostenida por el amor verdadero, aunque aún inmaduro y frágil, no puede encerrarse en sí misma; no es la prolongación del individualismo en la vida de pareja, sino que está abierta a otras relaciones, dispuesta al don de sí misma, a los proyectos compartidos por ambos para hacer algo bello por la comunidad y por el mundo.

149. Si el matrimonio es ya en sí mismo un marco de relación que madura a ambos cónyuges, esto es aún más cierto cuando se abre generosamente a los demás, superando así la «tragedia original de cerrazón del hombre en sí mismo»[243] que lleva a pensar que, aislándose, la persona es más libre y más feliz. Porque

[243] Benedicto XVI, Carta enc. *Caritas in veritate* (29 de junio de 2009), n. 53: AAS 101 (2009), p. 689.

«la criatura humana, en cuanto de naturaleza espiritual, se realiza en las relaciones interpersonales. Cuanto más las vive de manera auténtica, tanto más madura también en la propia identidad personal. El hombre se valoriza no aislándose sino poniéndose en relación con los otros y con Dios»[244].

150. Como enseña el papa Francisco en su llamamiento a la fraternidad universal, en su encíclica *Fratelli tutti,* la caridad está llamada a un crecimiento intensivo, pero también extensivo, que «tiende a abarcar a todos»[245]. La caridad, por tanto, nos empuja a ampliar el «nosotros» conyugal: «No puedo reducir mi vida a la relación con un pequeño grupo, ni siquiera a mi propia familia, porque es imposible entenderme sin un tejido más amplio de relaciones [...] La pareja y el amigo son para abrir el corazón en círculos, para volvernos capaces de salir de nosotros mismos hasta acoger a todos. Los grupos cerrados y las parejas autorreferenciales, que se constituyen en un «nosotros» contra todo el mundo, suelen

---

[244] *Ib.*

[245] FRANCISCO, Carta enc. *Fratelli tutti* (3 de octubre de 2020), n. 60: AAS 112 (2020), p. 990.

ser formas idealizadas de egoísmo y de mera autopreservación»[246].

151. El riesgo de la endogamia, es decir, de un «nosotros» cerrado, contradice la naturaleza misma de la caridad y puede herirla mortalmente. Cuatro factores pueden prevenir esta endogamia que desnaturaliza y empobrece el sentido de la unión conyugal:

a) Los espacios que cada uno de los cónyuges vive en el trabajo, en las iniciativas personales, en los momentos de aprendizaje y desarrollo fuera de la vida matrimonial. Si uno de los dos no tiene un empleo, es necesario crear estos espacios en beneficio del bien del matrimonio, enriqueciendo el diálogo y la relación en general.

b) El significado procreativo del matrimonio, que manifiesta la fecundidad del amor que no se cierra a la comunicación de la vida. En aquellos que no pueden tener hijos, la adopción u otras formas de apoyo estable a los hijos de otras parejas pueden ser una forma de realizar esta fecundidad.

---

[246] *Ib.*, n. 89: AAS 112 (2020), p. 1007.

c) El tiempo que se comparte con otros amigos casados, durante el cual, además de aprender de las experiencias de los demás y recibir su apoyo, existe una disponibilidad constante para echar una mano en los momentos difíciles, ayudando al mismo tiempo a la pareja a tomar conciencia de sí misma como unión gracias a la amistad con otras parejas.

d) El sentido social de la pareja, que, fiel a la dimensión social de la vida cristiana, busca formas de servir a la sociedad y a la Iglesia, comprometiéndose juntos en la búsqueda del bien común: «La familia con muchos hijos está llamada a dejar su huella en la sociedad donde está inserta, para desarrollar otras formas de fecundidad que son como la prolongación del amor que la sustenta [...] No se queda a la espera, sino que sale de sí en la búsqueda solidaria»[247]. «El amor social, reflejo de la Trinidad, es en realidad lo que unifica el sentido espiritual de la familia y su misión fuera de sí»[248].

---

[247] Francisco, Exhort. ap. *Amoris laetitia* (19 de marzo de 2016), n. 181: AAS 108 (2016), p. 383.

[248] *Ib.*, nn. 181, 324: AAS 108 (2016), p. 445.

152. Una prueba particular de la apertura de la amistad de la pareja hacia los demás y de la fecundidad de su caridad se manifiesta en su atención hacia los pobres. De hecho, recuerda el papa León XIV, «el cristiano no puede considerar a los pobres solo como un problema social; estos son una "cuestión familiar", son "de los nuestros"»[249]. Además, «el amor a los que son pobres –en cualquier modo en que se manifieste dicha pobreza– es la garantía evangélica de una Iglesia fiel al corazón de Dios»[250]. Este hecho se refleja en una de las opciones para la bendición final en el rito latino del matrimonio, que concluye con la oración: «Que seáis testigos del amor de Dios en el mundo, que los pobres y afligidos os encuentren bondadosos, y os reciban alegres un día en el reino eterno de Dios»[251].

---

[249] LEÓN XIV, Exhort. ap. *Dilexi te* (4 de octubre de 2025), n. 104.
[250] *Ib.*, n. 103.
[251] CONFERENCIA EPISCOPAL ESPAÑOLA, *Ritual del Matrimonio*, n. 117, *o.c.*, p. 54.

VII

Conclusión

153. En definitiva, aunque cada unión matrimonial es una realidad única, encarnada en los límites humanos, todo matrimonio auténtico es *una unidad compuesta por dos individuos, que requiere una relación tan íntima y totalizadora que no puede compartirse con otros*. Al mismo tiempo, al ser una unión entre dos personas que tienen exactamente la misma dignidad y los mismos derechos, exige esa exclusividad que impide que el otro sea relativizado en su valor único y sea utilizado solo como un medio entre otros para satisfacer necesidades. Esta es la verdad de la monogamia que la Iglesia lee en la Escritura, cuando afirma que dos se convierten en «una sola carne». Es la primera característica esencial e inalienable de esa amistad tan peculiar que es el matrimonio, y que requiere como manifestación existencial una relación totalizadora –espiritual y corporal– que madu-

ra y crece cada vez más hacia una unión que refleje la belleza de la comunión trinitaria y de la unión entre Cristo y su amado pueblo. Esto se observa hasta tal punto que podemos reconocer «en la íntima unión conyugal, por la que dos personas se convierten en un solo corazón, una sola alma, una sola carne, *el primer sentido original* del matrimonio»[252].

154. El camino recorrido a lo largo de esta *Nota* permite ahora poner de relieve una evolución del pensamiento cristiano sobre el matrimonio, desde la antigüedad hasta nuestros días, en la que resulta evidente que, de sus dos propiedades esenciales –unidad e indisolubilidad–, la unidad es la propiedad *fundante*. Por un lado, porque la indisolubilidad deriva como característica de una unión única y exclusiva. Por otro lado, porque la unidad-unión, aceptada y vivida con todas sus consecuencias, hace posible la permanencia y la fidelidad que exige la indisolubilidad. De hecho, varios documentos magisteriales han descrito la unión matrimonial simplemente como «*unidad* indisoluble»[253].

---

[252] D. von Hildebrand, *Il matrimonio*, o.c., p. 33 (cursiva añadida).
[253] Concilio de Trento, Sesión XXIV (11 de noviembre de 1563),

155. Esta unión exige el crecimiento constante del amor: «El amor matrimonial no se cuida ante todo hablando de la indisolubilidad como una obligación, o repitiendo una doctrina, sino afianzándolo gracias a un crecimiento constante bajo el impulso de la gracia. El amor que no crece comienza a correr riesgos, y solo podemos crecer respondiendo a la gracia divina con más actos de amor, con actos de cariño más frecuentes, más intensos, más generosos, más tiernos, más alegres»[254]. La unidad matrimonial no es solo una realidad que debe comprenderse cada vez mejor en su sentido más bello, sino también una realidad dinámica, llamada a un desarrollo continuo. Como afirma el Concilio Vaticano II, el marido y la mujer van «experimentando el sentido de su unidad y *lográndola más plenamente cada día*»[255]. Porque «lo mejor es lo que todavía no ha sido alcanzado, el vino madurado con el tiempo»[256].

Doctrina sobre el sacramento del matrimonio: DH 1799 (cursiva añadida); CONC. ECUM. VAT. II, Const. past. *Gaudium et spes* (7 de diciembre de 1965), n. 48: AAS 58 (1966), 1068; *Catecismo de la Iglesia católica*, n. 1641.

[254] FRANCISCO, Exhort. ap. *Amoris laetitia* (19 de marzo de 2016), n. 134: AAS 108 (2016), p. 364.

[255] CONC. ECUM. VAT. II, Const. past. *Gaudium et spes* (7 de diciembre de 1965), n. 48: AAS 58 (1966), p. 1068 (cursiva añadida).

[256] FRANCISCO, Exhort. ap. *Amoris laetitia* (19 de marzo de 2016), n. 135: AAS 108 (2016), p. 364.

El Sumo Pontífice León XIV, en la Audiencia concedida al suscrito Prefecto junto al Secretario para la Sección Doctrinal del Dicasterio para la Doctrina de la Fe, el 21 de noviembre de 2025, Memoria Litúrgica de la Presentación de la Santísima Virgen María, ha aprobado la presente Nota, deliberada en la Sesión Ordinaria de este Dicasterio con fecha 19 de noviembre de 2025, y ha ordenado su publicación.

Dado en Roma, en la sede del Dicasterio para la Doctrina de la Fe, el 25 de noviembre de 2025.

Víctor Manuel Card. Fernández
Prefecto

Mons. Armando Matteo
Secretario para la Sección Doctrinal

Ex Audientia Die 21.11.2025

Leo P.P. XIV

Índice

Otras publicaciones del
Dicasterio para la Doctrina de la Fe

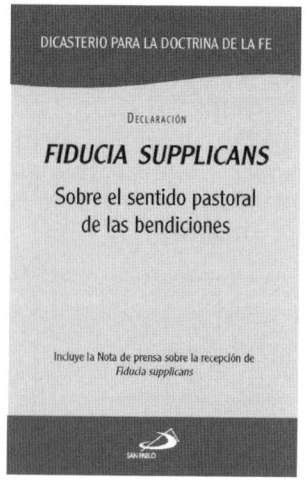

La Declaración *Fiducia supplicans*, aprobada por el Papa Francisco, nos ofrece una contribución específica e innovadora al significado pastoral de las bendiciones, ampliando y enriqueciendo su comprensión clásica estrechamente vinculada a una perspectiva litúrgica. Esta reflexión teológica implica el desarrollo de lo que se ha dicho sobre las bendiciones en el Magisterio y en los textos oficiales de la Iglesia y se mantiene firme en la doctrina tradicional de la Iglesia sobre el matrimonio, no permitiendo ningún tipo de rito litúrgico o bendición similar. Son bendiciones sin forma litúrgica que no aprueban ni justifican la situación en que se encuentran las personas que piden la bendición.

El Dicasterio para Doctrina de la Fe con esta Declaración, aprobada por el Papa Francisco, quiere recordar los principios fundamentales de la dignidad humana y ofrecer importantes aclaraciones para evitar las frecuentes confusiones y las violaciones graves que surgen actualmente. Todos estamos invitados a defender la dignidad humana en cada contexto cultural, en cada momento de la existencia de una persona, independientemente de cualquier deficiencia física, psicológica, social o incluso moral. auténticamente humanas.

Antiqua et nova es el documento sobre la inteligencia artificial aprobado por el papa Francisco y elaborado por el Dicasterio para la Doctrina de la Fe y el Dicasterio para la Cultura y la Educación. En sus páginas se analizan los retos económicos, educativos, laborales, sanitarios, sociales, bélicos y éticos que conlleva la IA y se nos alerta del peligro de que el ser humano se convierta en «esclavo de su propia obra». Nos previene del grave riesgo de que la IA genere contenidos manipulados e información falsa y de que se vulnere nuestra privacidad.

Dicasterio para la Doctrina de la Fe
Dicasterio para la Cultura y la Educación

ANTIQUA ET NOVA

Nota sobre la relación entre la inteligencia artificial y la inteligencia humana

Mater populi fidelis tiene por objetivo clarificar el uso de algunos títulos marianos que pueden generar dudas en los creyentes. El primero de ellos es el de «Corredentora», título de larga tradición en la Iglesia pero que hoy resulta inadecuado, pues induce a pensar en una acción mariana en cierto modo «independiente» de la de Cristo. La Virgen, como nos recordaba el papa Francisco, es ante todo «la primera discípula» de su Hijo. Su culto popular es un tesoro para la Iglesia, por lo cual se debe alentar y promover, purificándolo de los excesos que, lejos de engrandecer a María, pueden confundir a los fieles.

Dicasterio para la Doctrina de la Fe

MATER POPULI FIDELIS

La Madre del Pueblo fiel

Nota doctrinal sobre algunos títulos marianos referidos a la cooperación de María en la obra de la salvación